"不忘初心 缅怀先烈"丛书

陈 新 张采鑫◎主编

"蜡烛精神"写人生
萧楚女

高盛雅 刘华超 著

花山文艺出版社

河北·石家庄

图书在版编目（CIP）数据

"蜡烛精神"写人生：萧楚女 / 高盛雅，刘华超著.
—石家庄：花山文艺出版社，2023.1（2025.1重印）
（"不忘初心 缅怀先烈"丛书 / 陈新，张采鑫主编）
ISBN 978-7-5511-6042-1

Ⅰ．①蜡… Ⅱ．①高… ②刘… Ⅲ．①传记文学—中国—当代 Ⅳ．①I25

中国版本图书馆CIP数据核字（2022）第020410号

丛 书 名："不忘初心 缅怀先烈"丛书

主　　编：陈　新　张采鑫

书　　名："蜡烛精神"写人生——萧楚女
"Lazhu Jingshen"Xie Rensheng —— Xiao chunü

著　　者：高盛雅　刘华超

策　　划：张采鑫　王玉晓

特约编辑：王福仓

责任编辑：申　强

责任校对：李　鸥

封面设计：书心瞬意

美术编辑：王爱芹

出版发行：花山文艺出版社（邮政编码：050061）
（河北省石家庄市友谊北大街330号）

销售热线：0311-88643299/48

印　　刷：北京一鑫印务有限责任公司

经　　销：新华书店

开　　本：700毫米×1000毫米　1/16

印　　张：6.75

字　　数：85千字

版　　次：2023年1月第1版
2025年1月第5次印刷

书　　号：ISBN 978-7-5511-6042-1

定　　价：39.80元

Contents 目 录

引　子

湖北省襄阳市襄城区西街内环路上，坐落着一所墨瓦青砖的百年学堂——襄阳市昭明小学。远看，在四周林立的现代化建筑群中，它已显得有些陈旧，然而，它也更加古朴、凝重和庄严。

秋日里，昭明小学的校园桂树飘香。追着这清甜的味道，一路穿过小学的西门桥外的古城墙，有一双坚定的眼睛正等待着意气风发的莘莘学子。

昭明人一眼便能认出，眼前这尊汉白玉雕像，就是他们的骄傲——中国共产党早期青年运动领导人之一、中国共产党优秀理论家、中国青年的良师益友萧楚女。在阳光照耀下，他表情严肃而坚毅，仿佛站在那里演讲；他日复一日、年复一年地注视着西大门和西门桥外的古城墙，又仿佛在思考着什么。

学校大门的右边有一片小树林，九棵树参差错落，是女贞树和针叶松。穿过树林，顺着楼梯下去，是昭明小学的重要景点——萧楚女生平展厅。左边墙壁上有毛主席亲笔写给萧楚女的名言："春蚕到死丝方尽，蜡炬成灰泪始干。"前面有萧楚女的铜像，铜像后边的墙壁上，写着萧楚女的名言："人应该如蜡烛一样，从顶燃到底，一直都是光明的。"展厅里，最引人注目的是萧楚女睡过的床、写过的字和简陋的书桌及日常用品，这些都是萧楚女的珍贵遗物。

这些遗物很容易将观者带回那个如火如荼的革命年代。萧楚女作为中国早期宣传马克思主义的杰出理论家，他选择做一名用笔做武器的革命战士，编讲义、写时评，废寝忘食，日夜为革命事业操劳，为叫醒沉睡的劳苦大众，也为自己的信仰笔耕不辍。他说他要做一支蜡烛，燃烧自己，照亮别人，有一分光就发一分光，有一分热就发一分热，给人温暖，给人光明。

1920年8月，萧楚女放下武汉的革命工作，登上了前往襄阳的渡轮。在船上他巧遇了襄阳二师的学生孙承孝，他们攀谈着，经过孙承孝的家乡黄龙垱时，萧楚女用黄龙垱人的骄傲王聪儿抵抗清朝压榨百姓的起义故事，来唤醒青年知识分子。1920年9月，他来到襄阳第二师范学校任国文、物理、哲学教员。教学中，他鼓励学生学习新文学和鲁迅作品，组织"乡俗改良会"，并开展移风易俗的宣传活动。萧楚女传播革命思想的工作，从未停止，从未放弃，更从未退缩。

刚到学校，崇尚封建礼教、提倡孝悌忠信礼义廉耻的校园气氛就给了萧楚女当头一棒。开学典礼当天，由学校出名的"孔夫子——一位姓刘的老师作为教师代表发言。萧楚女自然是听不下去这位刘老师脱离现实的空话、套话，于是，想出个巧妙的办法来活跃气氛，结果正如他所愿，"孔夫子"红着脸匆忙地结束了讲话，校园里开始兴起要不要打倒孔家店、拥护民主与科学，要不要宣扬儒家的传统礼教的大争论。萧楚女不仅用自己的行动和思想为这间历史悠久的学校注入了新鲜的思想基因，他的名字更是成为引人瞩目的"学问"。从开始大家的猜测和议论，到后来得知萧楚女立志做湖北革命志士的理想，学生们无不佩服这位新来老师的人格与信念。

其实，萧楚女的勤恳与执着，赢得的绝不仅是学生的肯定，更多的是同事的钦佩。与他同寝室的秦纵仙最清楚萧楚女为了做一名合格的老师，所做的不懈努力。原来，萧楚女担心自己的教育经验不足，不能服众，每天都坚持早起，去树林里对着镜子练习自己的教态、语速和授课知识。他不仅教授国文课，也兼教哲学和物理，后来又教化学，带实验；他虽然教得很多，但每一门课程都教得十分精细。他对传统的封建八股国文课进行了革新，增设了新文化课和口语课，将鲁迅的白话作品和进步杂志《新青年》搬上了课堂；在哲学课上，他更是将主要精力放在讲马克思主义哲学上，介绍西方各种进步的哲学流派，来对比和批判因循守旧的哲学观念。萧楚女用自己的博学和革命思想，滋润了思想闭塞的学生尹全三，使他明白读书并不仅为光耀门楣，更多的是为奉献社会，推动一国之进步。在与同为学校国文教员杨立生的论战中，他不仅用自己的博学征服了学校的"夫子们"，更身体力行地感化了他们，教育他们摆脱心中的胆怯，不仅要听"风声，雨声，读书声"，更要关心"家事，国事，天下事"。杨立生在萧楚女一番话的影响下，慢慢从一个置身于现实斗争之外的逃匿者，转变为了一个支持革命斗争的进步人士。

1921年夏天，冯开浚接任襄阳第二师范学校校长后，因不满萧楚女的革命举措，解聘了萧楚女。

1924年，萧楚女第二次来到襄阳二师任教，在课堂上向学生们宣传马列主义，为学生悉心讲解《共产党宣言》，还经常利用各种机会在校内外组织青年开展各种革命活动。正当这些革命工作紧张进行的时候，却遭到了襄阳反动当局的仇恨，军阀张联升更是计划以"过激党、阴谋造反"的罪名逮捕萧楚女。杨立生将这个消息及时透露给了萧楚女，并资助萧楚女离开了襄阳。但萧楚女在襄阳这块土地上所播下的革命火种却在继续熊熊燃烧。在萧楚女离开襄阳不久，轰轰烈烈长达两年之久的襄阳二师学潮就发生了。

萧楚女是襄阳地区党组织的培育者和播种人，也是湖北襄阳地区传播马克思主义的第一人。襄阳昭明小学保留了萧楚女执教处遗址，1983年，昭明小学被指定为襄阳市中小学生爱国主义教育基地。2008年12月9日，襄城区区委、区政府在襄阳市昭明小学隆重举行了"萧楚女生平展厅"揭幕暨襄阳市昭明小学建校105周年庆典，仪式当天还邀请了萧楚女烈士亲属来到了现场。

"有的人死了，他还活着！"生前他为自己的理想，更是为千千万万劳苦大众的幸福而活，所以，人民记得他，人民纪念他。2009年中央电视台新闻联播《永远的丰碑》栏目组来到襄阳市昭明小学实地采景并作了专题报道。2011年萧楚女生平展厅还被评为湖北省爱国主义教育基地、湖北省红领巾实践基地。正如萧楚女自己所说："一个人从生以后一直到死，都有做对人民有益的光明正大的事，虽然肉体死去，而精神不灭。"

在此谨向湖北省戏剧家协会理事、襄阳市戏剧家协会名誉主席胡树国先生表示感谢。胡树国先生的《血染羊城》（湖北少年儿童出版社1985年版）对于本书的写作给予了很多帮助。

1893年4月，春和景明，阳光明媚，微风和煦。湖北省汉阳县鹦鹉洲上空惊现一条宛若长龙的彩虹，五彩缤纷，色泽艳丽，而且有团团祥云相伴伸向遥远的天际。连续三天，相继在同一时间出现。十里长洲，人声鼎沸，惊叹不止，更有甚者，沿街摆上供桌，感谢上苍，祈祷风调雨顺，五谷丰登——十里长洲沉浸在喜悦和欢庆里。

在全洲同庆的日子里，一个还算殷实的小商人之家，伴着祥云和彩虹，也在迎接一个小生命的到来。小生命呱呱坠地，取名朝富——意为朝着富裕之路迈进。

上学后，少年由乳名"朝富"改为学名"树烈"，字"秋"；后在报刊发表作品，取笔名为楚女。"楚女"二字，源于战国时期楚国著名爱国诗人屈原的《离骚》："忽反顾以流涕兮，哀高丘之无女。"女，即神女。明清之际思想家王夫之在其《楚辞通释》中对此诗句注释道："冀遇卓然超逸之士，与相匹合，同心效国，而在位者杳无其人，虽欲与同而不得也。"由此可见，屈原诗句是以神女比喻品行卓越、能够相与报国的人。从此，萧楚女这个名字便与中国革命连在了一起，与十里长洲惊现的彩虹连在了一起，与为推翻吃人的旧社会而炼就的铮铮傲骨连在了一起。正如李辉耀先生诗曰：

萧家宝树列晴川，
"楚女"原来是伟男。
主办《青年》薪火旺，

执鞭黄埔剑光寒。
胸怀韬略讲农运,
"字挟风雷"斥蒋奸。
壮志未酬慷慨死,
珠江口畔血犹斑!

是的,十里长洲出现的彩虹,只是短暂一现,彼时中国大地的上空,依然是乌云密布,风雷裹挟,朝着推翻黑暗统治、争取民族独立和解放的目标迈进,还需要许许多多的萧楚女披荆斩棘,探索前行……

一、晴川历历汉阳树，芳草萋萋鹦鹉洲

1

鹦鹉洲，原在武昌城外江中，由东汉末年大才子祢衡"锵锵振金玉，句句欲飞鸣"的《鹦鹉赋》而得名。历代名人"藏船鹦鹉之洲"，纵观大江景色，留下了很多诗篇，李白"烟开兰叶香风暖，岸夹桃花锦浪生"，孟浩然"昔登江上黄鹤楼，遥爱江中鹦鹉洲"，崔颢"晴川历历汉阳树，芳草萋萋鹦鹉洲"更是传诵一时的佳句。

鹦鹉洲是浩瀚的长江冲积而成，千百年来，这里虽一直是中国重工业、重要码头的所在地，但历经沧桑，水灾不断，十里长洲，仅有腰路、瓜堤、杨泗和两湖河四条狭窄的街巷。其间五里生灵涂炭，人口稀疏，夏季汛期，处处沼泽；春秋时节，杂草丛生，荒芜萧然。鹦鹉洲，地处汉水与长江的交汇处，是个木材集散地。从川、桂、湘放下来的木排，通过长江三峡和洞庭湖汇集到这里，然后顺江而下，远销九江、芜湖、镇江、上海各沿江口岸。洲上有萧万顺、常为益、马鸿茂等人开设的木材行。萧楚女的父亲萧康平就在木行里帮忙放排为生。

十里长洲，并没有因为连续三天出现彩虹而改变；而萧家也并没有因为长子朝富的出生，会朝着富裕之路迈进，相反，父亲萧康平因经营木材破产而家道中落。

虽然家境清苦，父母也很重视对小朝富的教育，很早便将他送入附近的一间乡塾学习儒家正统思想。

在私塾学习四书五经等儒家经典的萧楚女，天资聪颖，学习勤奋，对先贤的政治理想、"美政"救国的理念尤为热衷；先贤推崇社会平等的大同社会，在他幼小的心灵深深扎下了根。萧楚女每逢到木行里给父亲送饭，遇到老板欺侮穷人，他总是瞪着眼睛，鼓着腮帮骂那些老板"坏蛋"。萧楚女从小爱听侠义故事，如《游侠列传》《水浒传》等，这些故事中的情节对他幼小的心灵都产生了很大的影响。

一次，从偏远的湘西麻阳放排而来的李大伯，在洲边落脚。李大伯是萧康平多年的老友了，父亲对他十分客气。萧楚女常到排上去玩儿。李大伯的木排不大，但一家三口都住在上面。排上还养着鸡，喂着猪。萧楚女很勤快，一上排就帮李大婶和细妹子做这做那。李大婶很喜欢他，一会说："秋伢子，等到了芜湖给你带糯米糖吃！"一会儿又说："对，上海的五香豆好吃，回来给你带两斤！"细妹子很好玩，头上扎着一根乌黑油亮的冲天辫，圆圆的脸，一对大眼睛，像湖水一样的清澈，稚气的脸上一天到晚挂着笑容。她总是跟在萧楚女后面喊"阿哥"。

李大伯启程的那一天，萧楚女跟随父亲到江边来送他们。李大伯拉着父亲的手，深情地说："大兄弟，多谢你的关照！"父亲说："祝你们一路平安！"萧楚女把自己心爱的陀螺送给了细妹子，细妹子高兴极了。木排离开岸边的时候，还隐隐约约地听见李大婶喊着："秋伢子——等回来了，给你带糖。"而细妹子则一手紧紧攥着那只陀螺，另一手用力地在排上挥动。这一天，风急浪高，波涛汹涌，李大伯一家的木排在浪谷里起伏颠簸。江中船只往来如梭。站在江边的萧楚女一家真为他们捏着一把汗。

这时，一艘挂着英国国旗的大轮船，在江中横冲直撞，如入无人之境，它激起的大浪，把旁边的木船冲得东倒西歪。转眼间，巨轮靠近了李大伯一家的木排，只见李大伯拼命地摇橹，左躲右闪，惊慌地喊着：

"请让一让，让一让。"甲板上的水兵站得高高的，根本不理会周围的声音，他们分明瞧见了危难中狭小的木排和惊恐的一家人，却视而不见，依旧自顾自谈笑风生。突然"嘭"的一声，巨轮撞在木排上，木排被撞散了，李大伯他们被撞进了江里。李大婶在滔滔的江水中挣扎了几下，便被浪头吞没了。李大伯一手抱着一根圆木，一手紧裹着细妹子，拼命地喊着救命！但是，巨轮依旧全速向前，李大伯父女在江水里打了个滚，便被卷进了船底，刚才还好端端的一家人，一转眼已经命丧黄泉，从此人鬼殊途。

在岸上，目睹这一惨状，萧楚女禁不住"哇"的一声，痛哭起来，父亲也悲伤地流下了眼泪。萧楚女依在父亲的怀里，抽泣着说："爹，李大伯他们……"满面泪痕的父亲也不知说什么好，萧楚女猛地抬起头来，眼里闪着愤怒的光："洋鬼子好坏，我去揍他们！"父亲却只是摇了摇头。萧楚女不服气，说道："这么多中国人，难道还要怕那几个洋鬼子吗？"父亲摸着萧楚女的头说："你还小，还不懂，他们手里有枪。"萧楚女看着父亲，半天没有说话。突然，他从地上拾起一截朽烂的木头说："爹，你看咱们也有枪。"说着，把手里的木头用力朝巨轮扔去。木头在不远处溅起了几朵小小的水花。萧楚女说："爹，等我长大了，要用真枪打鬼子。""好，好，打鬼子。"父亲为孩子的这份质朴与炽热的爱国热情所感动、所欣慰。

从此，在鹦鹉洲头，人们常能看到，萧楚女带着他的小伙伴们拿着自制的木枪"嘭啪、嘭啪"地瞄准江中的外国船只开火。这份仇恨在萧楚女的心中如眼前浩荡的潮水般越涨越高。

2

冬去春来，花开花谢，转眼间萧楚女已经12岁了。

1901年洞庭湖流域遭遇大暴雨，湘、资、沅、澧四水泄洪严重，风暴给处于洞庭湖北部、地势低平的江汉平原带来了巨大的灾难。父亲放木排到芜湖出售，途中遭遇风浪，眼睁睁看着木排被大水冲走流失，自己也险些葬身江中。

父亲回到家中，看着眼前忍饥挨饿的儿女、妻子，想到未来的生计，久久不能睡眠，心中既着急又沮丧，不幸痨病复发，几天后，便撒手人寰。无情的命运将萧楚女一家人抛向了社会的最底层。萧楚女的母亲是一个瘦弱的小脚妇女，怎么能承担得了一家六口生活的重担？懂事的萧楚女便哄着四个妹妹，到堆在江边的木料上刮树皮，到木行里捡木屑，到垃圾堆里捡破烂，卖钱为生。而长江洪灾还远远没有结束，长江大水冲走了鹦鹉洲上的房屋，萧母搭起简易木棚让一家人居住。祸不单行，木棚不久又被一场大火烧光，萧家顿时成了赤贫户。母亲为了养活家中羽翼未丰的几个孩子，帮人补衣、拾树皮木屑、叫卖花生米。实在活不下去了，她将两个妹妹送给人家当了童养媳。作为长子，萧楚女也到瓜堤街向德堂木行里当了小学徒。

木行里的老板年近半百，虽然长得头大耳肥，大腹便便，一副弥勒相，但是脾气暴戾、古怪刁钻，对家里的仆人，更是心狠手辣，无所不用其极。萧楚女虽然还是个孩子，却也被当做成年人一样使唤。白天上下铺板，烧水倒茶，扫地擦桌，什么杂活儿他都得干。一天下来本已筋疲力尽，浑身的骨头都要散架了。稍有倦怠，老板就恶狠狠地骂道："小畜生，你给我勤快点儿！"这样还不算，到了晚上，还得到后堂去伺候老板娘。这老板娘更是狠毒，从不把下人当做人看。

这老板娘只有二十几岁的模样，据说原先是一位军官的七姨太，军官在一次战斗中被打死了，她从此无依无靠。前年，木行老板的发妻病死了，便把她接过来续弦。这女人十分娇气，成天打扮得花枝招展，在伙计们中间摆来摆去。知道她旧事的人都讨厌她那样轻浮，背地里议论她时，仍唤她做"七姨太"。她要萧楚女给她打洗脚水，洗裹脚布，倒痰盂，拖地板。那时候的女人，凡是这种成天闲着无事可做的太太们都有一个习惯，就是吸旱烟，这位七姨太自然也有此嗜好。有时抽烟，她也不愿自己点火，叫萧楚女来点，若是手脚慢了，黄铜烟管就敲到头上，生生的疼。对于这样的压迫，萧楚女真有点儿受不了了，几次都想逃回家，不干了。但是想到体弱多病的母亲，想到命运悲惨的妹妹们，他又咬咬牙坚持下去，泪水也只能簌簌地往肚里咽。

　　这天，夜幕刚至，忙了一天的萧楚女浑身酸痛，头脑也是晕乎乎的。刚上去铺好板，一屁股坐在门边上端着粗气，不一会儿，七姨太在屋里喊道："秋伢子，打洗脚水来！"萧楚女拖着沉重的双腿，咬着牙，忍着脚底和双手磨破的疼痛到厨房里打了半盆热水，赶忙送到她房里。只见七姨太穿着一件薄薄的白绸缎睡衣，赤着一双脚，靠在躺椅上，悠闲地抽着烟。萧楚女把热水放到她脚下的时候，她看也不看一眼，便把一双白嫩的脚往水里一伸，突然"哎哟——"一声怪叫，嗖地把脚缩了回来，疼劲儿都还没有过去，她就骂道："小畜生，你想烫死老娘啊。"萧楚女忙说："我还准备加凉水的。""哎呀，你还犟嘴。"她挥起黄铜烟管朝萧楚女的头上砸去，"嘭"的一声，把萧楚女额上砸了个窟窿，鲜血顺着脸颊直往下淌。老板闻声赶来，两只眼睛恶狠狠地盯着满脸是血的萧楚女。七姨太依然妖里妖气地喊："你也不管管，你看这小东西拿这么烫的水让我洗脚，把老娘当成死猪烫啊！"听了七姨太的话，老板更是火冒三丈，气不打一处，揪着萧楚女的耳朵，往死里拧："你，你，你这小畜生，不怀好意，你喝喝，看烫不烫！""这回可得好好治治他，今天非喝不可。"七姨太晃动着手里的烟枪，兴冲冲地火上浇油一番。这下老板更气了，红着一张脸，扯着嗓子吼道："你给我喝，现在喝。"萧楚女脸都气紫了，愤怒悲哀的泪水和着鲜血流在地板上。"给我喝！"老板猛地按住他的头。

　　叫人喝这个臭婆娘的洗脚水，简直把人当畜生一般，这屈辱谁受得了？小小的萧楚女心中的怒火在燃烧，他像极了行将爆发的火山，他的心灵受到了巨大的创伤，那伤比额上的伤痛一百倍。现在已经没有什么力量可以阻止他再去沉默，他就要爆发了，浑身禁不住剧烈地颤抖。"喝！"老板眼里闪着凶光，盆里的热水冒着蒸人的热气。萧楚女咬紧牙，心一横，用颤抖的双手慢慢地端起脚盆，他把脚盆端到胸前，忽地用力将水泼到七姨太的脸上。"天呀——"七姨太一声杀猪般的嘶叫，从藤条躺椅上跌落下来，顿时，她那细嫩白皙的脸蛋被烫得变了颜色，疼得在地上打滚。慌乱中，萧楚女破门而出，等老板反应过来冲出来抓他的时候，他早已消失在茫茫夜色中。老板带着他的几个狗腿子气势汹汹地赶到萧家抓人。这时，萧楚女依旧没有回家，萧楚女的母亲知道出事了，一家人痛哭起来。她一把揪住老板要人，说是他们逼死了她的孩子，要跟他们拼命。听着萧楚女母亲的哭喊，老板越发没有耐性了："拼命？我还没有找他算账呢！"老板见萧楚女不在家，便丢下这句狠话，悻悻而去。

萧楚女的确没有回家，他早料到老板会去家里找他的麻烦，怕连累家人，逃到亲戚四婶屋里躲了起来。妈妈得到消息后，偷偷地去看他，见他额上尚未复原的血窟窿，却也无可奈何，只能抱着儿子痛哭起来。萧楚女哽咽着说："妈，你别哭，这仇我一定要报。"妈立刻抬起头，惊恐地看着他说："你，你，不许再去惹事了，你才多大点儿，别再想了。"萧楚女倔强地说："这么大点儿，我也是人，不是牛马，不能叫人家想欺负就欺负。"这时，四婶的大儿子从船上下班回来，听说这件事儿后也气得不得了："这个黑心的老板，是得整整他了，有钱怎么样？有钱就可以骑在穷人头上拉屎撒尿吗？""娃娃们，要是把事情闹大了，我们两家人可怎么活啊？"妈苦苦地哀求道。四婶的老大说："我们不怕，难道离开这个村子，就没有活儿做了吗？叫秋伢子一块儿跟我到船上打杂工去。"妈妈的惊恐这才慢慢平息，过了几天，老大喊上几个小伙子，趁老板深夜听戏出来，走到暗巷的时候，一把将他拦下，狠狠地打了一顿。

这件事之后，为了生计，萧楚女只好跟着老大跑到长江轮渡上打杂，开始了他以船为家的水上生活。

二、山重水复疑无路，柳暗花明又一村

1

满天都是雾，看不见也摸不着，长江和陆地浑成了一体，跟梦一般的神秘，给人一种极不真实的感觉，模糊难辨。从上海驶往武汉的轮船，不得不暂时在这里靠岸，歇歇脚，等雾散去一些，再开船。乘客们不一会儿就等得不耐烦了，骂这鬼天气。船舱里慢慢变得人声鼎沸，闹哄哄的，争吵声、叫卖声、婴儿的啼哭声，串成一片，叫人头疼，这船似乎都要膨胀得炸掉。

坐在五等舱一个角落里的萧楚女，却没有被这嘈杂干扰，正聚精会神地翻阅着最近一期《东方杂志》，他怀着游子返乡的急切心情，想从中得到一点儿有关家乡的消息。

他离开家已经4年了，4年中他到处颠沛流离，跑遍了鄂、赣、皖等沿江城市。在长江轮渡上当杂工，在镇江做小贩，在芜湖一家酱园里做学徒，在茶馆里跑堂，在大街上卖报，在印刷厂做排字工，反正什么地方有活干，他就到什么地方去，碰到什么就干什么，他接触到了和自己一样生活在社会最底层的劳苦大众。4年中，他备尝人间的疾苦与艰辛，认清了如今这个人吃人的社会。

纵然生活再艰辛，萧楚女却不忘读书，自学起中学的文理课本来。那时候提倡兴西学，开办新式学堂，教授西洋的数学、物理学、工艺学等自然科学的课程。清政府还在全国选拔了一批优秀的幼童远赴大洋彼岸求学。虽然已经离开学校很多年了，但是他对自己的要求十分严格，对于兴西学的潮流，他十分欢喜，总不忘努力提高自己，每晚自学、练习写作，演算数理化试题。他以惊人的毅力，将中学的全部文理科课本自学完成，并在十三四岁时，在《浙江潮》上发表了一篇歌颂郑成功爱国精神的文章。

原指望在茫茫的大海上，能找一条好的出路，赚钱养家。可是，4年的奔忙，并没有换来丰厚的收入，穷人依旧是一贫如洗，而富人依旧是绫罗绸缎，锦衣玉食。想到这些，他更加惦念自己的家乡，更惦念着家乡的亲人，他攥着手里的船票，这是他4年工作唯一的收入，一张回家的船票，仅有一张回家的船票而已。他恨这个世道！想到自己的母亲，不知道她那一头青丝是不是变成了银丝；想到自己的妹妹，不知道她们能否忍受住这疾苦、饥饿。他目不转睛地搜索这报纸上的任何一条消息，生怕漏掉了什么，可是，没有家乡的任何消息，一丁点儿也没有。他有些沮丧，有些泄气。

一则消息吸引了他的注意力。湖南洋行里的外国人、中国商人与巡抚岑春蓂勾结，抢购粮食外运，弄得米价暴涨，饥民遍地。"朱门酒肉臭，路有冻死骨。"萧楚女心里这样想着，接着往下看，又是一则令人触目惊心的故事。4月上旬，长沙谷米一日数涨，致使早晚市价不同。南门外挑水工黄贵荪的妻子，携带着仅有的80个铜板，准备去买一些充饥的大米，米店老板以其中杂有几个劣质的铜板为由，不答应卖米给她。傍晚，黄贵荪东拼西借终于凑够买米的80文，准备再去米店买相同数量的米，结果，一夜之间，米价暴涨，他仍是空手而归，黄的妻子忧愤万分，趁着黑夜，投河自尽。黄贵荪知道后，痛不欲生，带着家中年轻的子女，追随妻子，纷纷投河。

萧楚女看到这里既气愤又无奈，情不自禁，攥起拳头朝身边的椅子打去，不想这一拳却正结结实实地打在别人伸来的腿上，只听得那人"哎哟"一声，跳了起来。萧楚女抬头一看，是一个二十来岁的小伙子，清秀英俊，他手里正拿着一份《汇报》，这会儿，正怒目瞪着萧楚女，嘴里说道："神经病！"萧楚女也觉得不好意思，连忙赔不是说："冒犯冒犯了，请原谅！"那年轻人上下打量他一遍，并不罢休地说："嫌地方小啊，坐头等舱去！"萧楚女见他定是误会了，忙举起手中的杂志，解释说："不不，我看到长沙的饥民惨死，气得忘记了克制自己。""原来是这样——"那年轻人满脸的愤怒这才渐渐平息了下来，坐回原处去继续读报纸。过了一会儿，他悄悄用胳膊肘碰碰萧楚女，说："哎，小兄弟，听你的口音，是武汉人吧？""是啊，你怎么知道，我家住汉阳。"萧楚女谦和地回答道。"请问兄弟尊姓大名？""不敢，不敢当。我姓萧，名树烈，字秋。""我叫郑希曾，我父亲是郑锡云，他在汉口做事。""啊，你是郑老先生的公子？我们都知道郑秀才。""你知道我父亲？"郑希曾惊讶地说。"是啊，从前听大人提起过。"

郑锡云，在武汉是个响亮的名字。萧楚女小的时候经常听大人说起他敢于反礼教反迷信，是一个文明开通的读书人，曾经因在归元寺门口贴了一副对联而名噪一时。那对联写的是：经忏可超生，难道阎王怕和尚？纸钱能赎命，分明菩萨是赃官。这对联在当时是十分激进的，人们议论纷纷，香火鼎盛的庙门顿时清静了。

萧楚女把这段故事一说，郑希曾笑了。这一段相同的记忆，更打破了他们心中刚生起了的敌意。两人开始无拘无束地热烈交谈起来，从籍贯、家庭，他们一直说到自己的处境，对现实的不满，对社会的失望。郑希曾指着5月6日《汇报》上的一则消息说："你看，这就是我们家乡现在的样子。"这则消息是湖北崇阳饥饿的乡民要求禁止大米出境，并将奸商张永兴偷运出境的大米一抢而空。他又翻到5月24日，说："你再看这儿！"内容是湖北武穴，3月22日、23日，连续发生抢米事件，并波及广济。"这儿还有，你再看！"郑希曾刚想继续翻报纸，萧楚女按住他的手："好啦，好啦，我看不用再看了，反正到处都是一样的黑暗。"萧楚女叹了口气，忧愤地说，"这就叫官逼民反。"郑希曾十分赞同地说："如今的朝廷，腐朽黑暗，奸臣当道，人民连最基本的温饱都成问题，就是反了也是应该的。""对，反得好！"没想到，毫不相熟的两人竟有如此一致的感知，而这感知又都如此炙热，他们同情劳苦大众的心情是那样息息相通。

突然，船舱入口处有人吵了起来，人们一下子围了上去，萧楚女他们也赶紧跟过去看看。只见一个外国人被愤怒的人群团团围住，洋人的脚跟处，一位白发苍苍的老太太泪流满面，使劲拖住传教士的腿。一打听，才知道，这个洋人上船的时候，见坐在船边的老太太挡了他的路，便喝令老人离开。老太太耳聋眼花，根本没有注意到他，他便一脚将老太太身旁的包袱踢入江中。洋鬼子并不把周遭的人放在眼里，叽里咕噜地骂着："支那猪！"见到此情此景，萧楚女不禁想起童年的愤恨，想起被英国轮船撞进长江的李大伯一家，他怒不可遏地说："这些洋鬼子真是横行霸道、欺人太甚，真想狠狠地教训他们一顿！"这话被身后一位血气方刚的年轻人听见了，便高声喊道："打这条洋狗！""对，打他！"人们受到了启发，一哄而上，拳打脚踢，把那盛气凌人的洋鬼子一顿好揍。洋鬼子也真不禁打，等人群散开的时候，已经头破血流，躺在地上不停地呻吟。

船上痛打洋鬼子的事情，很快就传到了岸上，岸上的一伙清兵举起枪冲上船去，驱散激愤的人群，其中的几个人把躺在地上鲜血直流的洋鬼子抬下了船。群众更是激动了，手指着那些清兵，齐声怒吼道："走狗，洋人的狗腿子！"看着激愤的人群，萧楚女感慨道："现在处处民怨沸腾，民众的情绪也是一触便发，清廷真真是已经坐在一座随时喷发的火山上了。"郑希曾若有所思地点点头："说的是啊，是一座越烧越旺，马上就要爆发的火山！"萧楚女抬起头低声感叹道："可怎么才能改变如今的世道呢？"郑希曾将他向后拉了几步，悄声说："你看没看见刚才那洋鬼子是怎么走的？""清兵抬走的啊！""对，他们能把那人抬走，靠的不正是手里的枪吗？所以，要让这个世道变个样，手里就得有枪。"萧楚女怔了一下，瞪着眼睛，思索着郑希曾的一番话。郑希曾接着说："我这次到安庆去走亲戚，就是为实地考察安庆新军马炮营起义的事情。这个营的队官熊成基，召集军中革命志士，趁光绪帝和慈禧太后先后病死，朝中大乱之机，发动了这次起义。他们击伤管带，焚毁兵营，炮击安庆城，打得安徽巡抚惊慌失措。本来好好的开头，却因寡不敌众，失败了。但这件事毕竟发生了，它对革命志士的信心是一种打击，但更会是一种激励，越来越多的人看清了清廷的模样，知道要推翻清廷绝非易事，必须首先拥有自己的军队。也因为此事，那里不少人决定投笔从戎，到新军里去工作。""呜——"震耳的汽笛声打断了郑希曾的话，船舱里也渐渐恢复了平静。大雾终于散了，远处相对远去的青山、简陋的房屋变得清晰可见，船迎着傍晚的浪头起航了。

望着空中的残月，听着远处拍打江岸的涛声，萧楚女以探索的口吻问道："是不是我们也应该到新军中去，才能实现我们的理想？"郑希曾坚决地点了点头，"我这准备打点好家里的事情就去投奔新军了。"萧楚女也坚定地说："好，我也去。"他们紧攥住对方的手，激动地说："一言为定，一言为定。"这时，救国救民的理想在两个年轻人心中升腾，让他们一时间忘记了自身命运的悲惨。

2

1911年5月，积怨已久的民众终于爆发了。受英、法、德、美4国银行团逼迫，清政府订立借款修路合同，将已归商办的川汉、粤汉铁路收归国有。四川修筑铁路的股金，不仅来自绅士、商人、地主，还有农民，而且农民购买的股份占很大比例。清政府颁布"铁路国有"政策以后，收回了路权，但没有退还补偿先前民间资本的投入，因此招致了四川各阶层，尤其是广大城乡劳动人民的反对。

首先起来反抗的是湖南人民。1911年5月13日，湖南绅、商、学界各团体发出传单，抨击清政府的卖国行径。14日，长沙举行了各阶层人士参加的万人大会，决议拒外债、保路权。16日，长沙、株洲1万多铁路工人游行示威，倡议商人罢市，学生罢课，人民抗租税。18日，湖南各界人士聚集在巡抚衙门前，抗议卖国的"铁路国有"政策。在湖北，清政府宣布"铁路国有"政策后，各界人士奋起争路。宜昌到万县的铁路本已动工修筑，清政府迫令停工，筑路工人和商人立即聚集起来与之抗争。清政府调兵前来镇压，数千筑路工人抡起铁锤，挥动棍棒，同前来镇压的清军展开激烈搏斗，当场打死清军20多人。在广东，广东粤汉铁路股东召开万人大会，一致抗议清政府的"铁路国有"政策，提出"万众一心，保持商办之局"，并致电湖南、湖北、四川各省，谓"铁路国有，失信天下。粤路于十日议决，一致反对"。在很短的时间内，湖南、湖北、广东的保路风潮连成一片，声势浩大。全国各地以及海外侨胞、留学生，也纷纷集会，并通电、写信予以声援。

在两湖和广东的保路斗争迅速发展时，四川的保路斗争也在广泛持久深入地进行。川汉铁路公司在成都召开铁路股东代表大会，会场群情激昂，大骂盛宣怀卖路卖国，决心为争回路权奋斗到底。会上宣布成立"保路同志会"，推举咨议局议长蒲殿俊为会长，副议长罗纶为副会长。大会还发表宣言，确定了"破约保路"宗旨，并通电全国，痛斥清政府的卖国政策；会后还派人到全省各地进行广泛宣传，通知各州县成立分会。四川省人民对"铁路国有"的卖路卖国的实质是很清楚而且深恶痛绝的。所以，当时全川142个州县的工人、农民、学生和市民纷纷投身于保路运动之中，保路同志会的会员不到10天就发展到10万人。保路同志军进围成都，附近州县群起响应，纷纷成立保路同志军，数日之内，队伍发展到20多万人，形成了群众大起义的局面。同志军围攻成都十几天，由于缺乏统一的组织指挥和作战经验，武器装备又不足，没能攻下成都，他们就分散进入地方各州县。到10月上旬，同志军起义的烽火已燃遍了四川全省。

清政府获知成都被围和四川各地同志军起义的消息后，吓得手忙脚乱，在不到半个月的时间里先后调派端方从湖北带新军日夜兼程入川（端方带兵到四川资州时被新军斩首），并命令曾担任四川总督的岑春煊前往四川，会同赵尔丰办理剿抚事宜，还从湖南、广东、陕西、甘肃、贵州、云南等省派兵前往四川增援。但是，湖北新军被调入川，却造成了武昌空虚，给武昌革命党人发动起义提供了一个绝好的机会。

10月10日晚，新军工程第八营的革命党人打响了武昌起义的第一枪。汉阳、汉口的革命党人分别于10月11日夜、10月12日攻占汉阳和汉口。起义军掌控武汉三镇后，湖北军政府成立，黎元洪被推举为都督，改国号为中华民国。武昌起义胜利后的短短两个月内，湖南、广东等15个省纷纷脱离清政府宣布独立。1912年2月12日，清帝发布退位诏书。至此，清朝灭亡，两千多年的封建帝制历史宣告终结。举国上下，一片欢腾，人们手持革命的铁红旗，迎来满面春光。

在那些惊心动魄的日子里，新军士兵萧楚女整天忙于收缴武器，搜集军械马匹，教化工兵，巡查附近土匪，捉拿清兵，不分昼夜地奔波，疲惫不堪。但他毫不顾及辛苦劳顿，他眼里泛着兴奋与希望的光，心中充满着胜利和光明的火种。

一天，他正背着三支缴获的汉阳制造的枪支，气喘吁吁地赶路，忽然，有声音从背后传来，那人大吼道："站住！"萧楚女心中一惊，难道遇到了敌人的残余部队？他警觉地朝后一望，高兴得几乎叫了出来："好家伙，原来是你啊！"郑希曾也兴奋地扑了上去，转眼已经分开两个多月的老朋友，终于得以重逢，高兴得拥抱在一起，用力地拍打着对方的肩膀。郑希曾见他额头上不断向外冒着豆大的汗珠子，笑着说："你可真卖力啊！""推倒皇帝的时候不去卖力，还等着什么时候卖力呢？"萧楚女瞅着老朋友这一身干净漂亮的衣裳，打趣道："瞧你这一身行头，新军服、新佩刀，准是升官儿了吧。""哪里，哪里，只是帮旅里处理些文书，哪算什么官儿啊！"郑希曾开怀却又谦虚地说，说罢，他朝对面的酒楼努了努嘴，说："怎么样兄弟，我们去喝两盅吧，我请客。"萧楚女看着酒家旁边贴着的一张布告，布告上写着：

　　照得本军起义，原为保种保民。连日在汉大战，贼虏
　将已扫清。此次驻扎于此，以遏东窜胡人。谕尔商民人等，

无得借故高腾。凡我军人在外，尤当纪律遵循：烟馆茶棚酒肆，军人一律禁行，如有故意违反，查觉决不从轻。本部严伸军法，幸勿试尝以身。

　　萧楚女指指墙上的文字，郑希曾笑笑说："你可真是恪尽职守，服从军纪！"萧楚女认真地说："现在不遵守纪律怎么行？这军队的将士如果个个视纪律如空文，军队的士兵也是熟视无睹，那这样的军队岂不成了抢匪，成了乌合之众，又怎么能打胜仗呢？"郑希曾眼里放着惊诧的光："几天不见，你的思想又进步了不少，深沉多了。""革命是伟大的导师，它逼得人非得多想一些不行。"萧楚女继续说，"革命要想取得胜利，就必须以民为本，君者舟也，庶人者水也，水能载舟，亦能覆舟。所以，得民心者得天下。现在革命才刚刚开始，还远不能分出胜负，我们不恪尽职守，严守纪律行吗？"郑希曾也为自己朋友的这份志气而感动，连连点头称赞他说的话。萧楚女把手中的一支枪递给他："帮我把枪带到连部去。"

　　一路上到处都是乱哄哄的，革命高涨时的人们，总是特别激动、特别兴奋，不是这里有人演说，就是那里有人在议论。走到府署门口，他们见一群人将大门团团围住，走近一看，发现门梁上吊着一颗青紫的人头。一打听，才知道这是清廷官吏童英的首级，革命军占领府署的时候，他仍不甘心，抱着象征清政府统治的黄龙旗在怀里痛哭，并在署内放火，准备与冲进来的革命军同归于尽，革命军很快逮捕了他，他却仍一副趾高气扬的样子。现在，这清廷的忠实走狗怎么也想不到，自己今天竟会落得这凄惨的下场。郑希曾怒骂道："狗奴才，罪有应得。"此时，萧楚女却并不觉得那样精神爽快，他在担心，偌大的政府机构里不甘心失败的何止童英一人，这些大小官吏又怎么不做垂死挣扎，就像毒蛇一般，临死也要咬人。

　　果然，没过几天，苟延残喘的清政府，从河南项城请出老谋深算、勾结洋人的袁世凯来帮助镇压革命军。1911年11月1日，袁世凯自安阳抵达湖北萧家港，正式出山。同日，奕劻内阁辞职，袁世凯被任命为内阁总理大臣，军队仍然归其指挥。袁世凯回电须开会选举，否则一纸命令不算。11月8日，资政院开会，正式选举袁世凯为内阁总理大臣。11月9日，袁世凯派赴武昌的"招安使"刘承恩、蔡廷干到达武昌，数日后带回了黄兴代表起义的革命党人以中国的拿破仑、华盛顿相期许的信函。黎元洪、汪精卫都有过类似推举袁世凯为新成立的共和国第一任大总统的表达。

　　1911年11月8日，在同盟会会员策划和支持下，新军第九镇统制徐绍桢，于南京城外60里之秣陵关宣布起义。徐绍桢与上海都督陈其美及苏浙起义军将领商定组建联军会攻南京，徐绍桢任总司令。11月11日，联军司令部在镇江成立。11月24日至12月1日，在总司令徐绍桢的统一指挥下，联军相继攻占乌龙山、幕府山、雨花台、天保城等据点。后黄兴赶来加入指挥，12月2日一举攻占南京城。至此，长江以南全部为革命军据有，各省代表从武汉移驻南京。同日，通过英国驻汉口领事葛福的斡旋，武汉革命军与清军达成停战协议。1911年12月6日，醇亲王载沣辞去监国摄政王职位，退归府邸。12月12日，14省代表共39人，由武汉、上海齐集南京，决议于12月16日选举临时大总统。12月29日，在南京的17省代表，正式选举孙中山为中华民国临时大总统。1912年1月1日，孙中山在南京宣布就职。

　　1911年12月16日，袁世凯调冯国璋来接替禁卫军总统，解除良弼禁卫军统领的实权，调禁卫军炮队支援围剿山西革命军，分散禁卫军力量，又用准备出征的名义把禁卫军调出城外，派段芝贵另编拱卫军，驻扎城里。北京完全被袁世凯所控制。

　　在萧楚女的家乡，革命形势也是急转直下。11月上旬，敌军从蔡甸渡河，进逼汉阳。继归元寺粮台失守后不久，敌人又进驻侵占了兵工厂，并对龟山一带发起猛攻。革命军第二旅伤亡惨重，四团三营营长田兆霖在战斗中不幸身亡，三团团长刘炳福也受了重伤，二营营长王殿甲牺牲。军内如此情景，使得革命军里士气低落，斗志锐减，纷纷逃到江边，争先恐后地抢夺船只往武昌逃命。只见江面上，江岸边人山人海，敌人举着枪炮在逃命的人群中一阵胡乱的扫射，死伤已不计其数，江水染上了年轻的革命军士兵鲜红的血色，惨不忍睹。

伏在龟山脚下战壕里坚持战斗的萧楚女，透过漫天的硝烟和雾气，见到这一惨状，心如刀割。难道成千上万的仁人志士刚刚点燃的革命烈火，就这样被敌人扑灭了吗？难道如火如荼的武昌首捷，就像这烟丝一样消失了吗？难道昨天才憧憬着摆脱痛苦的民众，又要忍辱负重，过暗无天日的生活吗？不能，不能让好不容易收获的革命果实就这样又失去了啊！想到这里，萧楚女的满腔热血就一股脑儿涌了上来。他感到革命正在考验着自己，革命尚未成功，作为一个有志于救国救民于水火的军人又怎能坐以待毙，即使粉身碎骨也要保住它。想到这些，他嗖地从战壕里跳起来，抱起一大捆麻秆，拼命地往山上跑。深秋的风，湿冷湿冷的，在他耳边呜呜地呼啸，他顶着寒风奔跑，不一会儿，就已是汗流浃背。他东躲西闪地在枪林弹雨中前行，弄得满身、满脸的烟灰。他顾不得那些，他心中始终回荡着一首昂扬的革命战歌：

> 十月十日武昌城，漠然起义兵。
> 铁血旗高擎连天，炮火鬼神惊。
> 推倒专制建共和，全国庆更生。
> 创民国兮诸先烈，享幸福兮我国民。
> 同胞，同胞，中华民国勿忘于厥心！

这首歌，一直激发着他的斗志，让他在品尝胜利的果实时，不至忘本；让他在独自承受挫折的时候，不至一蹶不振。他一口气跑到山上，到革命军炮兵阵地一看，这才一愣。几十门土炮、过山炮，一字排开摆在那里，炮筒里已经装满了弹药，乌黑的炮口也已经调好，精准地对着远方的敌人。萧楚女看着身边倒下的士兵，有的虽然已经没了呼吸，但仍然怒目圆睁，像是在控诉，控诉同根兄弟相残的悲凉，控诉中国国将不国的悲哀！他们虽然死了，但壮志未酬；有的负了伤，正努力地爬向炮台，想给敌人最后的一击。一个躺在血泊中的士兵，见萧楚女来了，用尽力气说："快，快，快打！"

眼见着这惨烈的场面，一下子把萧楚女心中的仇恨推到了顶点，愤怒的眼神看着敌人的方向，猛地一咬牙："对，狠狠地打！"他点着麻秆，旋风似的把十几门土炮点燃，炮捻顿时"嗤嗤"地冒着白烟。他又朝一门过山炮跑去。刚走几步，突然"嗵嗵嗵——"炮弹落到敌方的营地，响了。敌人的阵地升起滚滚浓烟，尘土飞扬，血肉横飞。伤亡惨重的敌军惊呆了，以为遇到了增援部队的埋伏，乱了阵脚，落荒而逃。所剩无几的革命军见自己的阵地又响起了炮声，顿时备受鼓舞，不少人又返回龟山，重新手执炮筒迎战。

在山顶的一处草窝里，人们发现了萧楚女，他被隆隆的炮声震晕了，郑希曾和几个战友含着泪水将他背下了山。为了辛亥革命，为了心中救国救民的理想，萧楚女留下了耳聋的后遗症。

三、昨夜西风凋碧树，独上高楼，望尽天涯路

1

辛亥革命后，萧楚女不满袁世凯篡夺胜利果实和革命党人争权夺利，愤然退伍。在实业救国的思潮影响下，萧楚女考入武昌新民实业学校学习蚕桑专业。

1914年夏天，号称长江三大火炉的武汉炙烤难耐、暑气灼人。武昌新民实业学校的校园里，来回穿行着许多像萧楚女一样的人，投笔从戎，舍身报国，却又发现从军根本就是做了人家的走狗，助纣为虐而已，于是又想到通过办实业，搞经济，或许能让国家富强，人民富裕起来。校园十分开阔，有时能吹进一丝凉风，但仍然像个大蒸笼，使人感到憋闷，压抑得透不过气来。如此酷热的天气，却阻挡不住全校师生高昂的情绪。农桑班的学生经过8个多月的学习，就要毕业了。教室里、走廊上、操场中，街道的树荫下，教师正在为他们心爱的学生作着临别的忠告；同学们互剖心事，互送礼物，有的用笔在别人的本子上写着赠言；更多的则紧握着对方双手，为大家加油、鼓劲儿，愿大家在未来能实现自己的满腔抱负。

萧楚女却没有在这些人当中，他独自一人躲在寝室里，一边轻摇着手中的蒲扇，一边挥汗如雨地写着毕业答辞："宇宙之中的万事万

物，无不在演进之中，民族也是这样，保守的，日渐衰亡；求进的，方兴未艾……”“咚咚咚！”一阵响亮的敲门声，萧楚女还没来得及抬头看那进屋的人，一杯凉开水就放到了面前，他这才回过神来，原来是郑希曾！“快写吧！我可不是来打扰你的。”说着郑希曾便轻手轻脚地往外走。说是不想打搅他的，但他对萧楚女，就如对待亲兄弟般关切，怎么能不打断萧楚女的思绪，许多往事在这时又浮现在眼前……

郑希曾是他志同道合的朋友，从一开始，他们在归家的途中相遇，到一起参加新军，为辛亥革命而战。他们曾对推翻清政府，实现共和制，寄予了多大的希望啊！满以为有了枪炮的革命会很快胜利，把光明和自由带给深渊里的民众，让他们丰衣足食。然而他们却看着胜利的果实被旧官僚黎元洪转手送给了袁世凯，中国又重新陷入军阀混战、洋人当道的吃人社会。他们失望了，但是他们并没有绝望，他们永远不能也不会绝望，他们继续探索新的救国救民的道路。茫茫世道，哪一条才是正确的路，要走的路究竟在哪里，这路会不会如上次一样，不过是条暗淡的死胡同？他们说不清心中的困惑，却从没停下探索的脚步。

从新军退伍后的一天，郑希曾兴冲冲地跑来找他：“有办法了！有办法了！”萧楚女一愣：“什么有办法了？”“新民实业学校在招生哩。”郑希曾说着，把招生宣传单递到他的手里。“怎么，你想去考吗？”“我觉得我们不妨走一走实业救国的道路，你说怎么样？”萧楚女停下手里的活计，沉思半晌：“实业救国如今倒是叫得响亮，试一试也未尝不可。只是这上学嘛，我就没那福分了。”郑希曾疑惑地盯着他：“怎么没那福分？”“我已经太久没有跨进过学堂的门了，恐怕有心无力，考也考不上啊！”“嗨，这你不用担心，没有进过学校，可咱还有同等学力哩，你在排字房向编辑学写文章，在胡文叔私塾里学过古文，你以社会为课堂，深入实地，拜能者为师，你的文化程度怎么会低，我说考上一定没问题。”

萧楚女听好友如此夸奖他，不好意思地挠了挠头，面露难色地说：“即便是我考取了，吃饭是官费，可零花钱总是要几个的。这对我来说实在太难了。"郑希曾把头一扬，慷慨地说："这，你不必愁，我包了！"这样，萧楚女才答应与郑希曾一道报考了新民实业学校。这8个月来，他们一直相互鼓励，互相帮助，刻苦学习，不仅以优异的成绩完成了学业，而且在图书馆读到了大量的课外书报。萧楚女感到自己的知识面大大地拓宽了，视野也更高远了，特别是在阅读达尔文的进化论时，收获颇丰。

想到这里，他不禁瞅了瞅郑希曾坐在门口埋头读书的身影，一种感激随之油然而生，他继续在毕业答辞中写道："过去讲天演进化，总是讲弱肉强食，好的淘汰差的，这就是所谓的物竞天择，优胜劣汰。人类社会真也是这样吗？除了竞争，难道没有同类之间的互相帮助么？一切弱者就都该被消灭么？不，我相信在人类社会里绝不是仅有残忍的竞争，绝不是这样！"他禁不住想起两个月前，他与郑希曾同王老师的一次当堂论战。

王老师是一位清末的留日学者，平时就孤芳自赏，目中无人，自诩学问渊博，见多识广。只要遇上他上课，定是天南海北的一通夸夸其谈，不着边际；许多错误的思想和理论也被他吹得天花乱坠，迷惑了不少学生。当然，他有时也感到自己还有不足之处，就是小时候跟别的孩子打架，被戳瞎了一只眼睛。为了掩盖他那只不会转动的假眼球，他总是戴一副金丝边眼镜。

有一次，他讲到人口繁衍引起了生产、生活资料的匮乏时说："多余的人口不除掉，就会破坏人与自然的和睦相处。作为行政长官，应该像园丁那样，除掉身体残疾、有缺陷的多余的树苗，或者像育种者那样，消灭劣质的、不合意的畜生，把那些该淘汰的淘汰，留下的才是精英中的精英，才是对社会有用的人。"显然，这就是在变相地宣传法西斯主义，宣扬强者残杀弱者的观点。

萧楚女终于听不下去了，站了起来，胸中荡漾着愤怒，问道："什么样式是有缺陷的苗子、不合意的畜生？"王老师正讲得起劲儿，没想到半路杀出个程咬金，先是一愣，旋即傲慢地答道："就是些老弱病残，体虚、体弱、残缺之人。"萧楚女听他这么回答，气得嘴唇都在颤抖："这，就是应该消灭的人吗？"王老师说："只有消灭了这些无用之人，才能确保人类以优良的方式进化，确保人们的生活安乐富足。""简直是刽子手，杀人狂！"萧楚女实在压抑不住心中的怒火了，小声嘀咕了一句。"什么，什么，你说什么？""他说你是杀人狂、刽子手。"一个爱讨好老师的学生说道。王老师的脸一下子气得紫红紫红的，脖子上的青筋快要蹦出来了。课堂上的气氛，突然变得紧张起来，大家都以为下一秒王老师就会大发雷霆。可是，过了一会儿，他不但没有发脾气，大概是怕失了尊严吧，反而颤抖着手皮笑肉不笑地将眼睛上的眼镜摘下来擦拭，装作若无其事、充耳不闻的样子，那只假眼珠儿就暴露在外面，和他的手一起剧烈地颤抖着，他强压自己的怒火，说："来，说你的见解来听听。"

萧楚女不慌不忙，却也不服气地故意讲道："我觉得应该被消灭的是强者，而非弱者。""胡说八道！"王老师听到这话再也沉不住气了。同学们一片哗然，教室里顿时变得嘈杂起来，"真是开玩笑！""简直是奇谈怪论！"

萧楚女调大了声音继续说："请允许我把观点阐述完整，我们不能一味地把生物界的物竞天择、优胜劣汰公式化地套用到人类社会，理由很简单，因为我们是人。如果如先生所说，弱者是指患病者、多病者、身体虚弱者和残疾的人，那么试问他们的弱、他们的病、他们的残是从何而来？要是他们个个都能吃饱穿暖，有病了可以求医，病者、残者得到及时的、良好的救治，难道他们中的许多人不会健康起来吗？他们之所以陷入病、弱、残，是因为强者霸占了他们的良田，抢夺了他们糊口的粮食，扒去了他们保暖的衣物。那么我们又是不是该消灭强者，平分良田，使耕者有其田，劳者得其食，这才是人类正确的进化方式啊！"

一些同学赞同地默默点着头，而王老师，早已涨着青紫的脸，指着萧楚女颤抖地说："你，你，你，一派胡言，曲解进化论，你这些言论太过激了。"王老师的一个追随者见势说："王老师！依我看，像他这么激进的分子，就应该清除出我们学校。"萧楚女狠狠地瞟了他一眼，想到他那一贯拍马屁的嘴脸，不觉一阵恶心。坐在萧楚女旁边的郑希曾，早已经被那马屁精气得不行了，见王老师态度又如此顽固，便讽刺道："这么说跛腿骡子、瞎眼驴最该除掉对吗，老师？"王老师听得出这话外音，大发雷霆，震怒道："你们这些混账东西！""砰！"他狠狠地合上书，气冲冲地离开了教室。他一出门，就到校长那里去告状，要求立刻开除萧楚女。

老校长是位赞助过辛亥革命的有识之士，看到现在革命胜利的果实被袁世凯窃取了，心中怀有不满，所以他格外赏识那些有锐气、有胆识的青年人再去酝酿新的革命。听了王老师的状告后，心中暗暗欢喜起来，他非常赞同萧楚女的观点，更赏识他的胆识和勇气。但是，作为一校之长，为了服众，维持学校的正常秩序，他不得不在这位王老师面前敷衍几句。他用地道的黄安话说："我当是吗事呦，生那么大气，观点之争是正常的嘛。学生态度不好，礼貌不周，是我们当老师的平时教育不够，我们也有责任嘛，当然顶有责任的是我这一校之长啰！"听完这一番话，王老师哑口无言，心里也像翻倒的五味瓶，酸甜苦辣咸，什么味道都有。老校长见他还没有消气，又以安抚的口吻说："萧楚女这个学生，我是一定会好好教训的，教不严，师之过嘛。"一场风波就这样在老校长的维护下平息了。

最让人意想不到的事情，还在后头，想不到这次的毕业典礼，老校长竟亲自点名，要萧楚女作为毕业生代表致答辞，这使萧楚女激动万分，又百感交集，非常感动于老校长的栽培与赏识。

毕业典礼当天十分隆重，萧楚女的答辞也做得无懈可击，引起台下强烈反响，同学们对他都连连称赞，特别是当他讲到"生物的进化与人类的进步"这一内容时，博得了热烈的掌声。

典礼刚结束，记者们就立刻将他团团围住了。一个体态微胖的记者，抢挤在萧楚女身边，说："请问，你刚才说我们当前人不如蜂？能具体阐释一下吗？""是的，先生。我是说，在蜂群里，无论是蜂后、雄蜂或是工蜂，都承担着各自的任务，它们完成酿蜜后，都会获得享受食物的权利，而现在我们人类却没有。"一个身穿洋装的女记者走上前去，娇嗲地说："米斯特萧，你不觉得把人和昆虫比，把人类看得太下贱了吗？""不，女士，您误会了。我仅指享有劳动成果这一点。蜜蜂的一切活动都是出于本能，而人是更高级的动物，我们的活动是一种有意识的活动，绝不是本能的反应那么简单，所以人类所能创造出来的财富要比蜂高出上百倍，甚至是上千倍，上万倍。"女记者见这个问题没能挑衅成功，又顺势挑唆道："那么，你说现在人为什么不能享受自己的劳动果实呢？"萧楚女把手一挥，直言不讳地说："是强者的掠夺！"女记者见机，眨了眨眼睛，诡秘的笑堆在脸上，追问道："你说的强者是袁大总统吗？"

　　这么直白的问题倒是打了萧楚女个措手不及，他一愣，真想不到她会提这种问题。袁世凯如今正在穷凶极恶地追捕革命党人，她这样问，显然是带有政治阴谋的，是想把人送上断头台的。他沉思了一会儿，不紧不慢地说："女士，您的想象力过于丰富了吧？我只是说强者。"微胖的记者已经等得不耐烦了，将女记者挤到一边，说："你的意思是，只有消灭了强者，人们才能享有自己的劳动果实，对吗？""是的，是这样。消灭制造贫穷的强者，消灭骑在弱者头上的强者。"萧楚女谨慎地回答说，中年记者满足地点点头。

　　萧楚女在演讲和答记者问中泰然自若，论点精辟，思想深沉，逻辑清晰，反应敏捷，得到了在场许多记者的称赞，纷纷邀请他给自己的报社撰稿。

　　从此萧楚女就开始了以笔为生的日子，他怀着满腔热情，在报刊上宣传自己对社会革命的见解，希望能够由此唤醒沉睡的民众。

2

　　从新民实业学校毕业后，萧楚女做了文字工作，而郑希曾则投身军界，继续希望通过枪杆子挽回革命的成果。然而，不久，一个意料之外的噩耗几乎击垮了萧楚女，他觉得自己像个手足无措的孩子，掉进了一个深渊。

1913年2月，中国首次根据《临时约法》的规定，进行国会选举。由同盟会为骨干组成的国民党获得议席最多，预备由宋教仁出任内阁总理。1913年3月20日，宋教仁在上海沪宁车站遇刺，两天后去世。凶手在上海公共租界被捕获，陈其美势力称搜出了凶手与国务总理赵秉钧的通信。当时种种证据，都指向袁世凯是暗杀背后的策动者。江苏都督程德全、民政长应德闳在收到租界会审公堂移交的证据后，把罪犯应桂馨和国务总理兼内务总长赵秉钧、内务部秘书洪述祖之间来往的秘密电报和函件的要点以"通电"的形式向海内外公布，迫使赵秉钧不得不发出公开电报为自己辩解。上海地方检察厅也公开传讯在位的国务总理赵秉钧。赵氏拒绝到上海应讯，但迫于社会舆论的强大压力，袁世凯批准他辞去总理，由段祺瑞代理。

孙中山于事发后即从日本返回中国，于上海开会，主张讨伐袁世凯。但国民党内意见不一，部分领导人倾向使用和平手法，在不破坏《临时约法》的条件下以法律方式抗争。

1913年4月26日，袁世凯北洋政府向英、法、德、日、俄五国银行团签订借款合约，意图扩充军队。

5月初，国民党员江西都督李烈钧、广东都督胡汉民、安徽都督柏文蔚通电反对贷款。黎元洪居中斡旋，希望化解北京与国民党之争。6月，袁世凯动作频频，先是免除江西都督李烈钧、广东都督胡汉民、安徽都督柏文蔚三人的都督职务，之后又派北洋军第六师李纯部进入江西。

1913年7月12日，在袁世凯的步步进逼下，被免职的李烈钧在孙中山指示下，从上海回到江西，在湖口召集旧部成立讨袁军总司令部，正式宣布江西独立，并发表电告讨袁。随后南京也组织讨袁，宣布江苏独立，推举江苏都督程德全为南军司令，但程弃职，逃遁上海。随后安徽柏文蔚、上海陈其美、湖南谭延闿、福建许崇智和孙道仁、四川熊克武亦宣布独立，浙江朱瑞、云南蔡锷中立。7月18日，陈炯明响应孙中山号召宣布"广东独立"。

1913年7月22日，江苏讨袁军在徐州地区与冯国璋北洋第二军和张勋武卫前军会战失利，退守南京。7月22日至28日，上海讨袁军屡攻江南制造局未克，指挥部被上海租界当局解散。7月28日，黄兴看到大局无望，遂离宁出走，讨袁军全局动摇。8月11日，何海鸣率南京第八师部分下级军官及士兵重新举旗讨袁，宣布恢复独立，2000多名士兵与北洋军展开血战，而郑希曾正是这2000多名年轻士兵中的一员。1913年8月13日，拥袁桂军龙济光部攻占广州。9月1日，张勋武卫前军攻克南京，各地宣布取消独立。孙中山、黄兴、陈其美等被通缉，相继逃亡日本，二次革命宣告失败。

这次革命的失败，也成为一个不幸的开端。

1913年10月，国会选出袁世凯为第一任正式大总统。11月，袁世凯以"叛乱"罪名下令解散国民党，并驱逐国会内国民党籍议员。袁世凯下令在全国各地追杀拥护孙中山和积极投身二次革命的国民党党员。1914年2月，袁世凯的走狗段芝贵出任湖北都督，6月授彰武上将军督理湖北军务。段芝贵掌管军务后，对湖北省内的国民党员大肆捕杀，郑希曾因国民党员的身份，和参与二次革命的反袁独裁行为，而被追捕，1914年8月被段芝贵的手下处死于汉口。

听到挚友离去的消息，萧楚女觉得犹如一颗突如其来的子弹穿透了他的心房，他对于自己所从事的工作几乎已经绝望了，他开始怀疑，还要不要在这样的一条路上走下去，他的愤怒，他的迷茫，他的哀伤，使他不觉地放声痛哭。

脑海里浮现出那么多珍贵的影像，而这些滚动的影像再不会加长了，他们的故事就这样停止了。郑希曾是引导和激励他参加辛亥革命、参加新军的第一个人。在为推翻清政府的黑暗统治而紧张战斗的日夜里，他们共赴国难，生死与共，相互激励；在学校求知学艺的日子里，他们悬梁刺股，秉烛夜谈，相互帮助，相互支撑。多少次，他们一起探讨人生理想，人生意义，和国家、民族的前途与命运。没想到，如此血气方刚，如此年轻有为的革命斗士，竟是出师未捷身先死，竟死在了叫嚣着要改革中国的虚伪的刽子手手中。他死得那样突然，那样壮烈，作为知心好友的萧楚女以及他的家人竟不能为他送行，他不仅要遭受杀害，连他的尸首也不能得到安葬，死后也要惨遭蹂躏。想到这里，萧楚女无论如何承受不了如此残忍的打击，种种往事一起涌上心头。

啊，对了，萧楚女像是突然意识到了什么。就在前些天，他在汉口到武昌的轮渡上，碰到过郑希曾。当时，只有他一人上船，刚上船，头也不抬一下的就溜到了船尾，找了个没人注意的角落安静地坐下来，并买了份报纸，用报纸遮着半张脸，脸色阴沉沉的，似乎心事重重。萧楚女走近他，轻轻地喊了声："希曾。"郑希曾一下子就从座位上站了起来，看得出，神情有些紧张，他看见是萧楚女，表情才慢慢镇定下来。他一脸疲倦，想笑却实在笑不出。"出了什么事儿了吗？"萧楚女关切地问道。郑希曾的表情又变得紧张起来，结结巴巴、躲躲闪闪地说："不……不……没什么。"萧楚女看出他似乎有苦难言，故意在回避什么，追问说："希曾，是不是遇到什么危险了？"郑希曾摇摇头，没有接话。萧楚女一下子不知该说什么来安慰他，过去他们情同兄弟，总是无话不谈、无话不说，今天却变得如此沉默，气氛变得有些尴尬了。

萧楚女苦苦地回忆着那天的情景，他记得郑希曾对他说："现在的革命更加艰苦，更加危险了，因为前门打了虎，后门又进了狼，这狼不打，老百姓照样遭殃。"于是，他赶紧顺势问道："是不是在打狼呢？""不……不……并没有。"郑希曾似乎还想继续说什么，却又咽了回去。"那么，我可以助你一臂之力吗？"萧楚女继续说。郑希曾沉默了良久，握着萧楚女的手说："你现在不能参加，这太危险了，到时候我会告诉你的。"现在想想，这的确太危险了，希曾去参加了讨袁的武装组织，想痛打袁世凯这条卖国求荣的老狗！的确，这太冒险了，他又怎么可能希望自己的挚友与自己一同分担。现在，希曾终于为自己一生追求的事业献出了自己年轻的生命，为了正义，为了祖国，他宁愿流血牺牲，可这么多的鲜血什么时候才能换来革命胜利的曙光呢？

萧楚女想到郑老先生，他此时此刻的痛苦应该更胜自己百倍吧，他失去了他心爱的儿子。想到这里，萧楚女拖着犹如灌铅的双腿，沉重地向郑老先生家走去。

这时，郑老先生家正被悲伤的情绪笼罩着，还没到老先生家的门口，萧楚女就听到悲恸的哭喊声，他害怕见到这死去活来的场面，这让他回想起自己死去的父亲，这种悲伤真的会让人心碎。郑老先生已经悲伤得起不来床了，瘦弱的身子在床上不断地抽动，泪水不住地淌过他塌陷的脸颊。萧楚女走近灵柩，默默地站立着，一句话也说不出来。"楚女！"郑老伯用极其微弱的声音唤他。"大伯！"萧楚女一下子扑倒在郑老先生的怀里，放声痛哭。郑老先生用颤抖的手摸摸他的头，而后从床头拿起一件带血的衣服，悲恸地说："你，你们亲如兄弟，这是他唯一、唯一一件遗物，你收好吧。"萧楚女震惊地接过那件血衣，紧紧地贴在自己的胸口。他明白老先生的意思，老先生不仅希望自己记住这位挚友，更希望萧楚女能沿着希曾的路走下去，去完成他未竟的事业。

这血衣，彻底打碎了萧楚女想要实业救国的梦想。这血衣正激励着他用笔杆子去揭开袁世凯这个窃国大盗最真实的嘴脸，让世人看到他邪恶的面孔。他就是那条凶恶的豺狼，那条需要全国人民万众一心，联合痛打的狼。萧楚女又想起，他在新民实业学校毕业典礼上答记者问时的情景。当他回答要消灭强者的时候，女记者追问他，那强者是不是袁大总统？他当时为了一己的平安，刻意回避了这个问题，但如果是现在的话，他一定会理直气壮地回答："是！"即使，下一秒他就将像他的挚友一样，被送上断头台，他也会毫不犹豫地说："是！要消灭袁大头。"萧楚女挽起袖子，写了一副挽联，他想起了为国为民，抛头颅洒热血的屈原，他的《离骚》中有这样两句诗，最能表达他将革命进行到底的决心。"路不周以左转兮，指西海以为期。"意思是说"绕着不周山向左转，不走到西海，我决意不回头。"

郑老先生起身看着这副挽联，紧握着萧楚女的手，看着萧楚女脸上坚忍的神情，他的表情舒展了许多，似乎是看见了这革命的希望与曙光，一条正确的道路似乎已在这些年轻人坚定的步伐下渐渐开辟。郑老先生又缓缓地躺下，他觉得将国家的未来托付给这样一群年轻人，幸矣！

3

为了进一步探索革命的道路，也为了平复自己悲伤的心绪，萧楚女决定进一步学习来充实自己。在郑老先生的资助下，他搬到郑老先生的家乡黄安县七里坪专心读书。萧楚女看起书来十分用功，"五更鸡志士起舞，三更火读书灯亮。"在短短的几年里，他阅读了大量的西方社会科学方面的著作；而这时的中国也正在酝酿着一次思想上的大革命。

袁世凯复辟帝制后，还大力提倡尊孔读经。他刚登上总统宝座，就大搞尊孔祭天。1913年6月袁世凯发表"尊孔令"，鼓吹了"孔学博大"；1914年又发布《祭圣告令》，通告全国举行"祀孔典礼"。为支持袁世凯帝制复辟活动，中外反动派掀起了一股尊孔复古逆流。早在1912年，袁世凯就在全国各地先后成立了"孔教会""尊孔会""孔道会"等，出版《不忍杂志》和《孔教会杂志》等。康有为还要求定孔教为"国教"，宣扬"有孔教乃有中国，散孔教势无中国矣"。

面对这股反动逆流，资产阶级和小资产阶级知识分子，有的和封建势力同流合污，有的偃旗息鼓；许多人则感到彷徨苦闷，找不到出路。但以陈独秀、李大钊、鲁迅为代表的激进民主主义者却发动了一次反封建的新文化运动，大张旗鼓地宣传资产阶级民主思想，同封建尊孔复古思想展开了激烈的斗争。这个运动是从1915年9月15日《青年杂志》在上海创刊开始的，陈独秀任主编，李大钊是主要撰稿人并参与编辑工作。

1915年12月，袁世凯称帝，在此之前，美国人古德诺发表了《共和与君主论》、杨度发表了《君宪救国论》等文章，散布中国宜于实行君主制，没有君主便要"灭亡"的谬论。针对这种情况，李大钊发表了《民彝与政治》《青春》，陈独秀发表了《一九一六年》《吾人最后之觉悟》等文章，揭露了君主专制的危害。陈独秀是一名激进民主主义者，他仇视当时的封建军阀统治，要求实现真正的民主；他批判了封建社会制度和伦理思想，认为要实现民主制度，必须消灭封建宗法制度和道德规范。李大钊则反对复古尊孔，要求思想自由，号召青年不要留恋将死的社会，要努力创造青春的中国。

《青年杂志》于1916年9月出版第二卷第一号时改名为《新青年》；1917年初，编辑部由上海迁往北京。进步知识分子团结在《新青年》周围，高举民主和科学两面大旗，从政治观点、学术思想、伦理道德、文学艺术等方面向封建复古势力进行猛烈的冲击。他们集中打击作为维护封建专制统治思想基础的孔子学说，掀起"打倒孔家店"的潮流。他们还主张男女平等，个性解放。1917年起他们又举起"文学革命"的大旗，提倡白话文，反对文言文，提倡新文学，反对旧文学。随着新文化运动的发展，《新青年》实际上成了新文化运动的思想领导中心。

《新青年》从1918年1月出版第四卷第一号起改用白话文，采用新式标点符号，刊登一些新诗，这对革命思想的传播和文学创作的发展，起着重要的作用。特别是伟大的文学家、思想家和革命家鲁迅，1918年5月在《新青年》第四卷第五号上发表了中国现代文学史上第一篇白话小说《狂人日记》，对旧礼教旧道德进行了无情的鞭挞，指出隐藏在封建仁义道德后面的全是"吃人"二字，那些吃人的人"话中全是毒，笑中全是刀"，中国两千多年封建统治的历史就是这吃人的历史，宣告"将来容不得吃人的人，活在世上"。这篇小说奠定了新文化运动的基石。在《新青年》的影响下，一些进步刊物改用白话文，这又影响到全国用文言文的报纸，开始出现用白话文的副刊，随后短评、通讯、社论也都采用白话文和新式标点。所有这些文学改革，使全国报刊面貌为之一新。

1917年爆发了俄国十月社会主义革命，震动了全世界，也照亮了中国革命的道路。《新青年》应社会形势发展的需要，以大量篇幅发表了宣传俄国十月革命的经验和社会主义理论的文章。1918年11月，

《新青年》第五卷第五号上发表了李大钊同志写的《庶民的胜利》《布尔什维主义的胜利》两篇著名论文，热烈欢呼俄国社会主义革命的胜利。

随着新文化运动的兴起与发展，萧楚女渐渐感到了家乡的闭塞与偏僻，他不能及时地感受到新一次的革命在这片热土上跳动的脉搏，不能及时地畅通地得到四面八方传来的消息。就在他苦恼的时候，一个机会，让他得知武昌中华大学的师生思想活跃，学术界各种流派的人在这里汇集，他们经常在课堂上展开激烈的论战，相互指正，又彼此吸收。于是，萧楚女拜别了郑老先生，回到了武汉。

1918年，萧楚女开始了在职读书的生活，他一面工作，一面到武昌中华大学做旁听生。

一天清早，他刚穿过小巷，准备踏进校门时，一群器宇轩昂的青年学生夹着书边走，边激烈地争论着。萧楚女很快被他们的举动吸引了，他悄声跟在他们身后。有的学生慷慨激昂，有的学生低声细语，他们中一个戴宽边圆眼镜的男生正高声地侃侃而谈："俄国革命之发展及其迅猛，要将过去资产阶级的一切政治组织、社会组织根本推翻，这是社会主义之革命，是全世界革命之曙光……"一个戴金丝边眼镜的青年阴阳怪气地说："此话未免言之过早。"边上一个矮个子也随声附和道："耸人听闻吧。"戴圆眼镜的男生不甘示弱，连忙反驳道："不，不，这革命是顺应时代潮流的，一定能成功。"听到这里，他们的话题已经深深征服了萧楚女。他快走几步，夹在这大部队中间，伸头往人群里看，他想看看这个戴圆眼镜年轻人究竟长什么样子。他头戴白顶大檐帽，样子不过二十来岁，个子不高，很瘦小，一双深陷的双眼异常明亮，炯炯有神，两条胳膊自然地交叉着抱在胸前，风度翩翩。只听他继续讲道："桐叶落天下惊秋，闻杜鹃啼而知气运。俄国之革命，是20世纪全世界人类普遍心理变动之反映。而惊秋之桐叶、知运之杜鹃又将唤醒民众。这绝不是言之过早，或者耸人听闻。今后之文明，必将取决于大的变动，而这变动又萌芽于今日革命血潮之中……"

　　"当当当，当当当……"上课的铃声在校园里回响，听得出神、激论正酣的学生们依依不舍地跑向自己的教室。萧楚女却像没听见铃声那样，缓缓地走着，沉思着什么，他的心里热烘烘的，已经很久没有这种感觉了，像钟子期听见了俞伯牙的琴声那样兴奋地思索着，他觉得自己终于又一次遇上了知音，遇上了同自己一样希望改革社会、救国救民的勇士。

　　最近，萧楚女一直在阅读《新青年》杂志，把他在黄安隐居时落下的几期通通翻找出来，集中阅读。杂志上记述了俄国正在发生的革命运动。无疑，这场革命是民众的革命，是无产者的奋起，是世界上任何一次革命都无法比拟的。他想进一步研究，并与志同道合的朋友一起探讨，想不到正愁难逢知己的时候，却遇上这么一场关于俄国革命的论战。他被那戴圆眼镜的男学生透彻的分析而深深吸引，也为他敏锐的洞察力、流利的口才和炽热的情感所折服。萧楚女当时真想冲进人群向他讨教一番，可是，他已经跑开了。萧楚女走进教室的时候，老师已经在讲课了。他悄悄找了个后排的位子坐下，翻开笔记本，兴致勃勃地回忆着刚才听到的那一番话，他边回想，边记录在本子上。

　　正在讲课的是位年迈的老先生，头发和胡子全都白了，脸颊瘦削，嘴唇干瘪，宽鼓的额头上爬着几条深深皱纹，像是伤疤那样明显。他今天讲唐诗，他的声音低沉、缓慢。他在黑板上写下刘禹锡的《杨柳枝词》：

　　　　塞北梅花羌笛吹，淮南桂树小山词。
　　　　请君莫奏前朝曲，听唱新翻杨柳枝。

　　写罢，老教授把粉笔放在讲桌上，望着学生说："我想请一位同学来说说他读过这首诗的感受。"老师虽然年纪大了，但眼神还是十分犀利，他见台下的萧楚女自顾自地在本子上书写着什么，似乎并没有听到他刚才的问题，便走下讲台，走到萧楚女旁边，敲了敲他的课桌说："这位同学，请你说说。"萧楚女这才发现老先生已经在自己跟前，一愣，他根本没听见老先生的提问，所以，有些手足无措。老先生皱了皱眉头，似乎非常生气，压着气说："上课要集中注意力，下课再去做别的事。"萧楚女的脸都红了，点了点头。老先生指着黑板上的几行诗说："我要你谈一谈读《杨柳枝词》的感想。"萧楚女这才抬起头，看了看黑板上的诗，回答说："杨柳枝是古歌曲的名称，这首词说的是我国古代塞北地区的少数民族用一种乐器吹奏《梅花落》的曲子。汉朝淮南小山作的《招隐士》是很有名的，但是羌笛吹奏的《梅花落》和淮南小山的《招隐士》都已经陈旧了。"

萧楚女的话到此被老先生打断了，他似乎并不满意这一番解释，说："哪个叫你来解释这些，我是叫你谈自己的看法、感想。""啊！"萧楚女恍然大悟，思索了一会儿说："我认为这首词的精华就在这后两句诗：请君莫奏前朝曲，听唱新翻杨柳枝。比如，俄国现在发生的十月革命和从前的二月革命就不同。我们再不能用旧眼光来看俄国的革命了，要听一听俄国正在新创作的一首杨柳词。"萧楚女的话再次被打断了。"什么革命？"老师像被萧楚女的话吓到了，大为惊讶，他气得敲着桌子说："你说的这是些什么？根本是风马牛不相及！"哈哈哈，同学们一阵哄笑，老师嗔怒地说："安静！你叫什么名字？""我叫萧楚女。"老师拿起花名册，翻找一遍，说："这上面为什么没有你的名字？""我只是个旁听生，并非这里的学生。"不远处一个痞里痞气的纨绔子弟用轻蔑的口吻，说了一个三句半："秃子跟着月亮走，落叶随着河水流，不掏学费把书读，揩油！"另一个头发梳得油光光的白面学生接话道："什么旁听生，我看根本就是揩油生吧。"

萧楚女听了他们的话，真被这些不知穷人疾苦的少爷们气炸了。是的，自己不仅没有钱交学费，还得为一日三餐而忙碌、奔波。交不起学费就要被人唾弃、遭人白眼吗？交不起学费就不能上学吗？学校既然有旁听生制度，自己来旁听就是没有错的，难道高等学府的大门都是只给富家子弟开的吗？他真想呵斥这帮目中无人的富家子，但是，他又想，燕雀安知鸿鹄之志，就让他们在下面叽叽喳喳吧，我走好我的路，就不怕别人说三道四。想到这里，他撇过头去，狠狠瞪了刚才说话的两个学生。但是，他却万万没有想到，这一回头，便看见了早上侃侃而谈的戴圆眼镜男生，他就坐在白面学生的身后，望着萧楚女，频频地向萧楚女点着头，似乎在称赞他刚才的发言。

下课了，戴圆眼镜男生赶忙走到萧楚女的座位边，热情地拉起萧楚女的手说，你刚才的一番回答真好，讲得好，实在是好！萧楚女被这突如其来的肯定和赞扬吓了一跳，自从郑希曾去世后，已经很久没有哪个朋友和他如此亲密。萧楚女谦虚地问："请问您尊姓大名？""我叫恽代英，很高兴能认识你。"萧楚女惊喜地说："原来你就是恽代英，我读过你写的文章，我读到过你写的文章啊。"恽代英眼中也带着兴奋说："过奖啦，我也读到过你写的文章，在《崇德公报》和《汉口新闻报》上，我都看过，笔锋十分犀利啊。"两个人又激动又兴奋，紧握着对方的手，似乎觉得这相遇太迟了些。

从此，他们成为知己挚友。他们总是在一起学习《共产党宣言》《社会主义从空想到科学的发展》等马克思主义经典著作，希望能一起探索出一条适合中国走的革命道路。1920年，萧楚女也参加到恽代英组织的利群书社中去，积极地宣传马克思主义哲学和科学社会主义理论，并组织开展革命活动。

4

在积极的学习、宣传和忙碌的革命工作中，时间飞快地过去，很快就到了1920年8月，武汉的天气也变得天高云淡，晴空万里。江上起雾了，那雾从江中升腾而出，是乳白色的。那雾白得清澈，白得透明。微风吹拂，推着船，忽儿移动，忽儿停滞，就像这雾气，忽儿凝聚，忽儿散开……老天爷似乎故意出难题，弥漫的大雾遮住了视线，江面被雾幕遮得严严实实。船夫还在用力地摇着橹，船经过的地方，翻滚着一阵阵的浪花。

"蜡烛精神"写人生·萧楚女

萧楚女站在颠簸的船头，他长方的脸盘，宽阔的额头，体型比从前已经壮实了许多。旭日的霞光将他的身影拉得又瘦又长，他根本无暇顾及水中自己的倒影，他抬着头，望着远方，像是有什么重要的事情在等待着他去完成。

萧楚女应省立襄阳第二师范学校校长刘泥清的邀请，被聘请到该校任教。由于船从武汉开往襄阳是溯江而上，所以速度特别慢，走了将近5天了，才到宜城地面。

关于是否有必要到襄阳第二师范学校来任教的问题，他跟已是中华大学中学部主任的恽代英反复商谈。萧楚女来征求好友恽代英的意见，恽代英就中国目前马克思主义的影响与传播发表了自己的看法，他说："要走俄国革命的道路，就要像列宁一样，到民众中去，向他们传播马克思主义，把他们在痛苦中的呻吟变成革命的惊雷。""对，我看，中国民众，比俄罗斯之民众遭受的苦难更为深重，两千多年来，封建主义像一条毒蛇缠绕着我们，吸吮着我们的血液，戕害着我们的灵魂。近半世纪来，洋人又像饿狼一样闯了进来，撕食着我们的肉体，弄得偌大的中国如今哀鸿遍野，处处饥寒交迫，家家贫病交加。"萧楚女每次发表自己的看法，就像在发表一篇激情的演说，越说越投入，越说越激愤，他边说边在屋子里踱着步，他的声音越激昂，脚步声就越沉重，踩在地上，咚咚地响。

恽代英听着这话，忽然间想起什么似的，站起身，猛地握紧拳头，击在办公桌上。"对，我们的压力越大，我们的斗志就越强，你说的没错。"萧楚女接着说："对，我说的也正是这意思。有人说，如今之中国如一头沉睡的雄狮，只要这雄狮一醒来，世界都要战栗。这话细想来，也不是全没道理，现在的中国，民众像一堆干柴，只要有人点火，便会快速地燃烧起来。"恽代英说："讲得好！"他们两个同时感到点燃这干柴的迫切，然而他们都是手无寸铁的读书人，所以他们只有两个办法，一个是利用教育来唤醒更多的民众；第二就是写文章，让变革社会的思想，在更多读书人中间传开，结识更多志同道合的年轻人。于是，他们商议继续坚持办好利群书社，出版革命刊物《我们的》；同时争取到更多的学校去教书，向知识青年传播革命的火种。在这种思想的召唤下，萧楚女接受了刘泥清的邀请，乘船离开武汉，去襄阳。

中午到了，太阳像一团大火球挂在天上，驱散了弥漫在江面上的浓雾。两岸的景象十分惨淡，广袤的江汉平原，袒露着它骨瘦如柴的胸膛。庄稼地七零八落，稀疏得像脱发的老年男子的头顶，江岸上一眼望去，根本看不见一两家像样的屋子。暗褐色的茅屋，低矮、破烂，像是已经再经不起什么风浪了；只有掩映着它们的青山还是那样挺拔、威严，显露着它不可一世的骄傲。面对着江岸上如此破败不堪的景象，荒芜的田野，低矮的茅舍，萧楚女的心中又一次升腾起愤怒。"萧老师，你看，我的家乡就在那座山的山脚下。"孙承孝指着右岸远处的一座青山说。

孙承孝是省立襄阳第二师范学校的学生，他们原来并不认识，现在因同船到二师，就这么机缘巧合地认识了，他知道萧楚女是到自己就读的学校去教书的，便以老师相称。他很热心地希望能在下船之后，给老师带个路去学校。

孙承孝只有17岁，个子不高，身材清瘦，浓眉大眼。虽然他总是一脸稚气的样子，但谈吐中却彰显着成熟与真挚。他机灵、健谈，一路上以东道主的姿态，不停地向萧楚女介绍他所了解的鄂西北的风土人情、民俗习惯。

"啊，你的家乡，那里是什么地方？"萧楚女向孙承孝手指的方向望去。"黄龙垱冯家湾。"孙承孝兴奋地回答说。"什么，黄龙垱，好熟悉的名字啊！""怎么，先生，你去过？"孙承孝满心欢喜，一脸惊奇地看着萧楚女。"没有，没有，我哪里去过，可能是在哪里听过吧。"萧楚女边摇头，边扶着下巴，认真地在脑海里搜寻着，有关这个名字的一点儿线索。"那先生听到这个名字怎么会如此兴奋呢？""想起来了，想起来了，听说你们那里，在乾隆末年出了一位了不起的女英雄，是不是？""对，先生也听过这个故事，你说的一定是齐二寡妇了！"孙承孝听到自己的家乡竟如此有名，这英雄的名字自然就脱口而出了。

这会儿萧楚女可不乐意了："怎么把英雄叫得这么难听,我听说她有名儿,叫王聪儿,可是个大人物哩!"孙承孝的脸涨得红红的,不好意思地说:"是啊,她叫王聪儿。"萧楚女接着问:"那她丈夫是不是叫齐林?"孙承孝见萧楚女这么问,又自豪地说:"对,她的丈夫正是齐林,齐林是我们黄龙垱人,排号老二,他们村儿离我们村儿可近哩。""王聪儿从小就在江湖流浪,以走街卖艺为生,受尽官府的欺压,后来和丈夫齐林一起起义抗清,是吗?"孙承孝见老师对王聪儿的事迹知道得如此清晰,又如此感兴趣,赶紧接话道:"对,对,她20岁就领着30多万人马和清兵打仗,她是八路人马的总指挥,经常东征西伐,今天打河南,明天儿打陕西,隔一阵又去打四川,听说还打过你们武汉哩!皇帝老儿让她闹得寝食难安,整天唉声叹气,却又拿她没有办法!"孙承孝手舞足蹈,绘声绘色地继续讲说:"她22岁在郧阳被清兵团团包围,一直打到弹尽粮绝,在,在一个叫什么的地方牺牲了。""是在卸花坡跳崖自尽了。"萧楚女补充道。"对,对,是叫卸花坡。"孙承孝突然对这位无所不知的老师产生了深深的崇敬之情。"萧老师,您真有学问啊,啥都知道。"孙承孝搔着头不好意思地说。萧楚女哈哈一笑,"我这也是在书上读到的,哪有她家乡的人知道她的事情多呢?"

萧楚女和孙承孝并肩坐在船头,看着远方,天色渐渐暗下去,萧楚女不紧不慢地说:"一个年轻女子竟敢带头造反,反抗压迫,反抗皇帝老儿,这在历史上是不多见的,你们黄龙垱有这么一位勇敢的祖先,真是莫大的光荣啊。"孙承孝骄傲地说:"是啊,是啊。我们村里只要一提到她,个个都竖起大拇指呢。村里的大孩子们都能讲出好多好多有关她的英雄事迹哩。""是吗?"萧楚女听到他说这话,莫名地兴奋起来,说:"这样好,你们那里的人一定还保存着王聪儿的骨气,血管里流着和王聪儿一样不服压迫的血液。"听萧楚女的语气变得那么激昂,孙承孝还不大明白他的意思,迷惘地看着他。萧楚女却没有注意到这一点,他继续说:"不愿做奴隶的骨气,努力反抗压迫的血液。"孙承孝瞪大了眼睛，的确，在那样的社会里，这是作为一个本本分分的学生从没听闻过的思想和发人深思的语言。"现在的中国即使已经推翻了清政府，但劳动人民一样过着吃不饱、穿不暖的穷苦日子。因为他们的头上还有地主、洋人的压迫，跟王聪儿时代的中国又有什么差别，现在依然需要黄龙垱人的这种骨气，一种敢于反抗压迫、努力冲破黑暗的勇气。"

孙承孝瞅着萧楚女的脸，思考着他刚才说的一番话。萧楚女见承孝没有出声，拍了拍他的肩膀说："我说的对不对呢，你这位黄龙垱人？""对，先生说的当然对。"孙承孝仍在沉思着，萧楚女这些触景生情、借题发挥的话，对于一个17岁的少年来说，显然是无法在短短的几秒钟间完全领会的。但是，这少年已经隐隐地感到自己身上的重担和被人尊重与信任的感动。这一番话像一阵清风，吹进了他原本闭塞的心灵，激励着他思考未来的人生。

风又比刚才急了，桅杆上，苍白的帆布被吹得鼓鼓的，船在向前飞驰着，浪花时不时地蹿上船来。孙承孝的思绪也像这滔滔江水一般，不断翻起波澜。

5

湖北文理学院，这个学校的名字，在当今全国，甚至在湖北省，都算不得响当当的大学，但是它几经易名，有着复杂而久远的历史沿革。它位于山水名城襄阳市，学校的前身是创办于1905年的襄阳府师范学堂。1913年，襄阳府师范学堂更名为湖北省第二师范学校，萧楚女就是在这里开始了执掌教鞭的生活，他带领着这里的学生学习新思想、新文化，为中国之大变革做好准备。

湖北省立襄阳第二师范学校，学制为五年，一年预科，四年本科，招收襄阳道22县的学生，是当时鄂西北最高等的学府。学校坐落在襄阳城西大街上，紧靠城墙，城墙下是碧绿碧绿的护城河，河边长满了挺拔的钻天杨和婀娜多姿的垂柳，西北面是宽阔的滔滔不息的汉江，环境宁静优美。

在当时，学校崇尚封建礼教，提倡以孝悌忠信、礼义廉耻为做人的道德标准。校规很严，学校常用孔子的"礼"来训导学生，教学楼的走廊里挂着一条条论语中的句子，子曰："博学于文，约之以礼，亦可以弗畔矣夫。"意思是："君子要广泛地学习古代的文化典籍，用周礼来约束自己，就可以不犯上作乱了。"学生稍有违反校规的现象，不是遭呵斥，就是遭体罚，轻的罚站，重则挨打。整个校园都笼罩在沉郁、压抑的气氛里。1919年前后，新文化运动在全国各地风生水起，这座古老、陈旧的学校也自然接受了一些新思想、新文化的洗礼，有些开明的老师开始迎接民主与科学的春风，学生的思想也随之有所改变，但大多数老师依然保持着刻板、教条的治学理念，学生所获得的新思想、新消息也是少之又少。

显然，带着新思想来到这里的萧楚女，给学校吹来了一股新鲜的革命气息。他的到来也势必会打破以前的沉闷。在校的师生常常以惊异的眼光赞赏他敢于反抗陈规陋习的行为。很快，在他的影响与带动下，学校师生掀起了向封建旧礼教挑战和解放思想的运动。

又是一年一度举行开学典礼的时候，七八百名学生，整整齐齐地站在校内绿油油的草坪上。教师们分成两组，坐在主席台的两边，他们一个个都板着面孔，非常严肃地盯着台下的学生，学生们自然是规规矩矩的，大气也不敢出一声。

教师代表刘老师走上主席台，发表演讲。刘老师毕业于武昌高等师范学校，崇尚孔学。他摆出一副博学多识的脸孔，引经据典地来批评学生及某些老师的"新思想"，只听他操着一口武汉话说："什么样的学生是好学生哩？就是仁爱好学，孔子赞扬他的大弟子颜回说：'回也，其心三月不违仁，其余则日月至焉而已矣！'意思是说颜回这个人，他的心可以在长时间内不离开仁，其余的学生却只能在很短时间内做到仁罢了。"他抬起头用犀利的眼神环顾台下，一脸自豪地继续引用起孔子的话来："'贤哉，回也！一箪食，一瓢饮，在陋巷，人不堪其忧，回也不改其乐！'意思是说颜回的人品多崇高啊！

用一个竹器吃饭，一个瓢喝水，住在简陋的小巷子里，别人都忍受不了这种困苦，而颜回却照样快乐！"听他这一番话下来，台下的学生顿时都没了精神，每次都是这些陈词老调，学生也早就厌倦了。刘老师自己却是讲得越来越起劲儿，长篇大论，滔滔不绝起来，引用完孔子的话，又开始引用孟子的话，一会儿又把朱熹搬出来，根本没有停下来的意思。有些学生典礼开始时还挺拔着腰板，这会儿也实在受不住了，腰酸背痛，又不敢做过大的动作，只能站在原地轻声地发着牢骚，却始终没人敢动一下。刘老师在台上根本不明了台下的情况，会场里其他老师碍于面子，也都默默忍受着这沉闷、乏味的演讲。"嘻嘻嘻——嘻嘻嘻——"突然，从会场的左角处，传来一阵窃笑声。学生们的思绪和注意力纷纷投向那个神秘的方向。

原来是新来的教师萧楚女实在听不下去这无聊的陈腐说教了，便想出个主意来打破这沉闷的局面。他正坐在秦纵仙老师的后头，便从地上拔了一棵小草，偷偷地伸到秦老师的后脖颈上轻轻一扫，秦老师以为是虫子，头也不回，伸出手"啪"一打，然后，又继续坐直腰身听讲去了。过了一会儿，萧楚女又将小草在他右面脸上一搔，秦老师连忙就给了自己一个结实的耳光，"啪"的又是一打，"哈哈哈——哈哈哈——"坐在附近的学生看到这一幕，再也忍不住，弯腰大笑起来，远处一些学生听到这一阵欢乐的笑声，自然也不肯放过这轻松一下的机会，纷纷巴着头张望。顿时，会场里阵阵骚动波荡开来，有的学生甚至并不清楚刚才真正发生了什么，也跟着说笑起来。

台上东说西侃的刘老师还不知道刚刚发生了什么，突然停下讲话，莫名其妙地看着台下乱作一团的学生，目瞪口呆地结束了自己的讲话，又尴尬又气愤地走下主席台。萧楚女坐在后排看着刘老师狼狈收场的样子，心里喜滋滋的。

萧楚女的这一举动，在师生中引起了强烈反响。散会后，大家根本已经将刘老师那苦口婆心、迂腐不堪的话忘得一干二净了。当然，有的同学也觉得萧老师的举动实在有点儿过分，破坏了校规。有的同学却坚持说，如今全国上下都在高喊打倒孔家店，拥护民主与科学，而我们这所鄂西北最高等的学府还在传播这些孔夫子的陈词滥调，就应该整治一下。"对，不能让这些不思进取、墨守成规的尊孔派腐蚀了我们的心灵，我们应该跟上时代的节奏。"

刘老师虽平日里表现得像个谦谦君子，但对这事却耿耿于怀。散会后，他一直在学生中间调查这件事情的真相，很快打听出缘由，便气呼呼地跑到校长室去告状。他狠狠地在校长刘泥清面前添油加醋，抗议萧楚女这种"不轨"的行为，而刘校长的答复则更是让他不能满意："现在时代风尚在变，校规么，也不必太死了，至于教员们的个人行为，我看还是少约束一点儿的好！""你……你……"刘老师被气得张口结舌。刘校长却又满不在乎地说："刘老师啊，你们研究孔学的人，应该记住子贡的话：'我不欲人之加诸我也，吾亦欲无加诸人。'这不是说得很清楚么？我不愿意别人加在我身上的事，我也不愿意加在别人身上。"刘老师见校长不帮他，反而帮着别人来教训他，一下子火了，大声嚷道："这……这还不得乱了套？"校长却笑呵呵地拍拍他的肩膀说："不必为这事气坏了身体，你过虑了，乱了旧套，我们还可以立新套，不是吗？"刘老师这么一听肺都要气炸了，狠狠地瞪了校长一眼，跺了一脚，败兴地走了。

刘泥清是湖北天门县人，曾经赴东洋留学，在日本接受了一些民主主义的新思想。他看到祖国人民的思想正在发生着翻天覆地的变化，也是十分高兴的。他在武汉主办《崇德公报》时，就对萧楚女的才学、人品、勇气十分赏识，曾邀请他为自己的报纸主笔，这次他接任襄阳二师的校长，便立刻邀请萧楚女来学校任教。他们是旧相识了，彼此了解，是志同道合的朋友。

几天后，刘泥清恰好碰上上完课的萧楚女，和他讲了刘老师来告状的事情。萧楚女想了想，问说："我前年在《汉口新闻报》上写了一首诗，题目是《寄孙问梅兼示泥清仲宣》，不知你还记得吗？""记得，记得，当然记得，写给我的诗，我怎么会忘了呢？诗中有这样两句话：'病叶先衰殒，枯鱼过河泣。'"萧楚女听到这两句，说："那就让刘老师这种病叶去衰弱、去哭泣吧。"

6

萧楚女初到襄阳第二师范学校任教时，教初二（丙）班的国文课。课表一发到教室里，同学们看见"萧楚女"的名字，便开始议论纷纷。女同学们都非常高兴，她们以为来了一位教国文的女先生，下课后，她们把这个好消息奔走相告，不仅感觉有一种天然的亲近感，而且想到以后请教先生学问或生活上的大小琐事时会更加方便，她们更是感到欣喜。在那时候，一位女先生可是不多见的，人们大多不允许家中的女子读书，重男轻女，甚至鄙视妇女，所以，她们也顿感信心与骄傲。很多女生都暗自发誓，一定要把国文学好，她们仿佛看到了自己的一种可能，通过学习也和萧先生一样，站在讲台上，教书育人，桃李满天下。而这名字的出现让男学生们更是大为吃惊，他们说学校来了女先生，这妇女要登台，实属女性的一大解放，他们深深地感受到社会思想的革新和社会的进步。班中一些富家子弟，也搔搔头，开始琢磨"萧楚女"这个名字，这名字真是美，萧者，清静、冷落也。楚女，啊，对了，楚灵王有个章华宫，挑选的都是楚地拥有纤细腰身的美女，后来人们都叫那里作"细腰宫"。楚女多细腰，所以起这种名字的人，也一定是个既摩登、又窈窕的女子。

第一节国文课的上课时间很快到了，同学们都抻着头齐刷刷地朝班级的后门张望，就在他们都期待着这位神秘先生出现的时候，一位戴着近视眼镜，长方脸、宽额头、膀大腰圆、皮肤黝黑的大汉却走了进来，隔着眼镜，萧楚女的眼睛炯炯有神。同学们见到这模样的先生，一时还没有回过神儿来，一个个目瞪口呆，有的心想着："是不是弄错了，这萧楚女怎么会是他？"有的还是不肯放弃自己幻想了很久的女先生，哎，一定是这女先生事儿多，大概是体弱多病，今天请假了吧。

萧楚女已经觉察到他们脸上惊诧的表情，笑呵呵地说："同学们，大家好，让我先来自报家门吧。本人就是以后给你们上国文课的萧楚女，湖北汉阳人氏。""你……你……是萧楚女？"一个同学不敢相信地问。"对，我正是萧楚女。""哈哈哈——"教室里一阵哄堂大笑，学生们刚才疑惑的情绪立刻烟消云散，取而代之的是一片欢乐的气氛。就这样，萧楚女开始了他在襄阳二师的第一堂课。

其实，萧楚女的名字可不只是令他教的学生深感好奇，全校师生都十分感兴趣，这位叫萧楚女的老师究竟是男还是女？如果他是男的，又为什么要取个女人的名字？但是，又不好打听这其中的原因。同学们想到在开学典礼上被萧楚女逗弄的秦纵仙老师，便一起去向他问个明白。

秦老师摸了摸下巴，神气地说："他的这个名字不仅在你们中间，在其他地方也引起过误会哩。"一个梳着两条粗粗的麻花辫儿的女学生说："老师，您就给我们讲讲吧，讲讲吧。"秦老师见势，笑着说："好，我就给你们讲讲。那时，我们一道编报纸，他的文章写得很好，笔锋也是十分犀利，议论事件，总说得头头是道，而且逻辑性强；叙事描写更是绘声绘色，如涓涓细流，娓娓道来。他的文字清丽流畅，极富感召力。他发表文章，总是以'楚女'来署名，很多读者就和你们一样，以为他是位才华横溢、婀娜多姿的美女子，于是报社就收到了很多以'萧女士'为称呼的求爱信，多得编辑部都没地方放了，弄得同事们都哭笑不得。"

"哈哈哈——"同学们发出一阵清脆的笑声。"最有趣的是，一天，一个从南洋苏门答腊归来的富商子弟，穿着一身笔挺的西装，脖子上系着绛紫色的领结，头戴一顶雪白的博士帽，坐着一辆讲究的黄包车，风度翩翩地走进我们编辑部，彬彬有礼地说，他对萧楚女倾慕已久，明天又要出洋，在走之前，定要一睹这萧楚女的芳容。我们开始不许，但他一再坚持，没办法，我们只好把萧楚女叫了出来。萧楚女走上前去，说：'我就是萧楚女，不知先生找我有什么事情？'那华侨见他是个皮肤黝黑的彪形大汉，顿时惊讶得合不上嘴，神情镇定之后，说：'误会！误会！打扰先生了！不必送，我走了。'于是尴尬地坐上黄包车，一溜烟儿跑了。"

同学们听了这么有意思的故事，禁不住都笑了。一个叫李实的同学追问道："那楚女究竟是什么意思呢？"秦老师说："萧老师，原名叫萧秋，取自'秋风兮萧萧'之意。'兮'就是白话中的'啊'，'萧萧'就是秋风的声音。"李实忙接道："无边落木萧萧下，不尽长江滚滚来。"秦老师欣慰地点点头，说："对，正是这个意思，他的名字正是说秋风扫落叶的气势。楚女，是他给自己起的笔名，湖北是古楚国所在地，你们的老师在这里出生，所以选楚字，这女字则是取自屈原《离骚》中的一句'忽反顾以流涕兮，哀高丘之无女。'这'女'字表明你们的老师希望自己不忘初心，做一个尽忠保国的勇士。""啊，原来是这样啊。"同学们终于明白了。秦老师又说："据朱熹《楚辞集注》中的解释，这个'女'指的是神女，盖以喻贤君也。在今天这个'女'字的含义就是爱国志士或者革命志士的意思。"一个留着娃娃头的女学生说："那我们萧老师可也是个革命志士？"秦老师轻轻地点了点头。

同学们这下都明白了，原来萧楚女并不是什么风姿绰约的高冷女子，而是一位从小就怀着救国救民志向的勇士，同学们想到他讲课的样子，个个都说他总是一副'先天下之忧而忧，后天下之乐而乐'的样子，而他语言的生动凝练，课程内容的深度以及新鲜感，更让学生都夸赞不已，连连称道！

7

实际上，从萧楚女本人的受教育经历来说，他只进过8个月的正规学校——武昌新民实业学校，除此之外，他都在为生活而日夜工作、奔波，他今天所拥有的知识，大部分都是自学而来的，他可是自学成才的典范。

萧楚女有一个一般人都无法比拟的高贵品质，那就是勤奋。他读书的时候，真可以说是废寝忘食，没日没夜，像在沙漠中行走了一天的人，终于看见前面的一条小溪，扑上去，哪里肯放手。他就是有这样一种不达目的决不罢休的坚毅精神。他有许多自学时所用的本子，本子上，他用干净工整的字迹抄写上书中的重点，以及数理化的各种演算公式。本子的扉页上还抄写着清代大作家蒲松龄一副用来自勉的对联：

有志者，事竟成，破釜沉舟，百二秦关终属楚；

苦心人，天不负，卧薪尝胆，三千越甲可吞吴。

他正是借用这副对联来激励自己，只有不断学习新知识，才会成就一番事业。久而久之，刻苦自学、勤奋读书已经成为他生活的一部分；读书是这样，以后做事，为人师表，他也一样勤奋认真。过去他虽然没有教过书，但他并不害怕去接受新鲜的环境，接触新鲜的事物，而且教书，切身地去传播马克思主义理论，唤起更多青年知识分子的觉醒，也是他正要去做的。所以，这份工作他从开始就是一百倍的认真，百分百的尽心尽力。他在教学的过程中也在不断地完善自己的知识体系，在和学生的交流和探讨中，不断获得新的启发，很快，他已经完全适应了这个不熟悉的新环境。

秦纵仙是萧楚女在二师期间的舍友，是湖北天门县岳口人，清末秀才，学识渊博，具有浓厚的民族民主革命精神。1919年，他跟萧楚女一起在日本人办的《湖广新报》当编辑。那时，反帝反封建的五四运动正席卷了整个中国，如火如荼。在萧楚女的影响和号召下，他们一同向全国报业联合会、报馆、通讯社、新闻社及学界各团体发出启事，抗议日本帝国主义对中国青岛的侵略罪行，并毅然决然地脱离了报社，从此，他们成了志同道合的朋友，为宣传马克思主义并肩前行。

秦纵仙对萧楚女最深刻的认识就是，萧楚女是一个极其勤奋的人，他在学校时，不但积极参加社会上一些宣传革命思想的演说，而且备课十分认真，常常备课到深夜，有时甚至要到凌晨。有一件事，他一直打心底里佩服萧楚女，那就是，每天不论再辛苦，睡得再晚，萧楚女总能第二天很早便先他起来，他睁开眼睛时，萧楚女早已不见了踪影。白天，秦纵仙又不好去直问他去了哪里，所以，他决心自己第二天早上一探究竟。带着这个计划，那天晚上他不敢睡得太沉，他时不时地注意着萧楚女的一举一动，当然，萧楚女却是丝毫没有察觉，还是自顾自地学习、备课。

第二天早上萧楚女一起床，秦纵仙也就跟着醒了，他看见萧楚女轻手轻脚地起了床，他跟在萧楚女身后，想看看他这是要去干什么。外面仍是黑漆漆一片，天边远远地可以望见一些深蓝的云彩，再过一些时间太阳便要升起，星星已经褪去了光彩，只剩下皎洁的月亮还在放射着温柔的光辉。

萧楚女先是在草坪上转了两圈，就径直出了校门，顺着巷子拐上了西大街，接着出西门，一晃就不见了。秦纵仙怕跟丢了，最后功亏一篑，急忙左躲右闪地跑到西门外护城河边，他听见桥下的河水发出哗啦啦的声响。秦纵仙蹑手蹑脚地挪到一棵柳树的阴影下，他探着脖子，瞪大了眼睛看着萧楚女的背影。萧楚女跑到河边用冷水匆匆地洗了一把脸，洗罢起身，沿着护城河向西南方跑去，秦纵仙也跟着他跑了好大一段，跑到羊祜山下，萧楚女的身影忽然间不见了。秦纵仙断定，萧楚女一定是进山了，但是，这羊祜山和后面的群山相连，山上荆棘丛生，松树、花栎树、桐梓树等各种树木郁郁葱葱，进了山就是漆黑一片，这上哪儿去找呢？秦纵仙一时想不出办法，无可奈何地望着大山出神。

林中的鸟儿似乎听到了不俗来客，开始叽叽喳喳地喧闹起来，头顶的黑暗也渐渐褪去了，树缝间，露出了一抹抹晶莹剔透的曙光。不一会儿，红日就像个巨大的火球冉冉升起，光芒四散，把山林中的暗影照得斑斑驳驳的。朝霞已经爬上了山头，天色渐渐亮了，秦纵仙决定还是不要放弃，一定看个究竟。他弯下身子，一瞅，见下面的一棵树上挂着一面镜子。咦，那是什么？他朝挂着镜子的那棵大树走去，走近一看，那树近处竟站着个人，不是别人，正是萧楚女，他正对着镜子说话呢。秦纵仙又蹑手蹑脚地挪到离他最近的一棵树后，只听萧楚女念念有词地说着："我翻开历史一查，这历史没有年代，歪歪斜斜的每页上都写着'仁义道德'几个字。我横竖睡不着,仔细看了半夜,才从字缝里看出字来,满本都写着两个字是'吃人'!"萧楚女继续说,"现在明白,难见真的人!没有吃过人的孩子,或者还有?救救这些孩子吧。"

秦纵仙听了半天,才听出了点儿眉目。啊,他原来,到这儿朗诵起鲁迅的《狂人日记》。秦纵仙之前就知道萧楚女对鲁迅先生的这篇作品尤为热爱。因为,这篇作品是战斗的檄文,它撕开了虚伪的"仁义道德"的画皮,揭露了封建礼教"吃人"的本质,赞扬了封建社会叛逆者的反抗斗争精神,提出了未来的社会"容不得吃人的人活在世上"的理想,号召民众起来,推翻黑暗的现世。《狂人日记》的确是部好作品。但他为什么要大清早起来跑到这深山老林里对着镜子朗诵呢?这真是个叫人捉摸不透的举动。

想着,秦纵仙从树后闪出来,高声说:"喂,你在那儿搞什么鬼东西?"萧楚女猛地一惊,抬头一瞄,奇怪地问:"你怎么会在这儿?"秦纵仙调皮地说:"怕你丢了呗。"萧楚女呵呵一笑,说:"我这不是在备课嘛。""备课?你在这儿备课?"萧楚女严肃地说:"我没有教学经验,现在我要利用课堂向青年学生传授革命知识。这教书育人,光靠着一腔热情是不行的。没有流利的口才,没有生动的课程内容,没有深入浅出的课堂用语,是无法打动学生的。所以,我为了弥补自己这个不足之处,除了认真备写教案外,我就想到这个办法,每天早晨到这深山上来对着镜子练习自己的课堂语言和课堂肢体语言。我必须要注意练习自己的声调,讲课时的抑扬顿挫,讲课时的语速、语调的高低快慢,注意矫正口型,练习姿势和神态。力求自己所讲的每一句话都像春雨一般,悄悄地滋润学生的心田。"

听过萧楚女的解释,秦纵仙为他这种认真负责、一丝不苟的精神所感动,不由得想起了唐代李绅的《古风》:"锄禾日当午,汗滴禾下土。谁知盘中餐,粒粒皆辛苦。"眼前这位萧楚女,就像一位耕种的农夫,为播下革命的种子,拯救"吃人"的中国,正在不辞辛苦地忙碌着。

8

　　萧楚女开始到学校的时候，只是教授国文课，后来又兼教哲学和伦理；期中考试之后，学校的化学老师走了，于是，萧楚女又接手了学校的化学课，又讲理论，又带实验。

　　在萧楚女来校以前，这所学校的国文课还是教授科举考试的科目，特别是封建八股文，依然在课表上，学生所习得的知识既陈旧又闭塞。萧楚女来校之后，他自己新增设了新文化课和口语课，以鲁迅的作品和《新青年》上的文章为教材。过去学校的哲学课，根本没有固定的老师，没有固定的教材，有时开课，有时干脆不开，讲的也都是古代的唯心论。萧楚女把自己的哲学课的中心放在讲授马克思主义哲学上，同时，也介绍西方其他进步的哲学流派，批判反动、陈旧的哲学思想。校长刘泥清说，萧楚女讲课从不死守旧课本，他时时着眼于新时代的进步，努力汲取新信息，新思想，为课程注入新鲜的血液，不断增添新的内容。

　　有一天，一个穷困潦倒、无以为生的老婆婆在"夫人城"前投汉江自尽，被打捞上来后，尸首暂放在闸门口，尸体已经霉烂变质，发出熏人的臭气，惨不忍睹。

　　萧楚女得知后，就带领学生们赶过去，帮助殓葬，并组织学生调查老婆婆死去的原因。几天后，萧楚女请前去调查的几个学生，谈一谈调查的情况与进展。学生们说，这个婆婆姓王，是襄阳欧庙人氏，原来一家三口，夫妻二人还有一个15岁的女儿。他们租种着李老财的8亩山田，由于连年灾荒，半年前丈夫又突然中风瘫痪，租子眼看着根本交不上去，欠了九石二斗谷米。李老财先是逼着他们赶紧凑足还清，后又看见他们的女儿有几分姿色，便强拉她去抵债。丈夫瘫痪又不能救回女儿，又急又气，暴毙在病榻上。李老财在襄阳城开了一个布匹店，说是把他们的女儿弄去给店里烧火做饭，伺候伙计。王婆婆无奈，只好答应了。过了几个月，她十分思念女儿，觉得愧对了女儿，就早早出门，想到城里来看看女儿，可是到了店里，根本连女儿的人影也没有见着，她急得向附近的人打听，才知道，李老财把女儿糟蹋之后，卖给了一个下江的人贩子。前两天，有人看见，人贩子拉着她的女儿，硬生生地塞进了船篷里，去汉口了。

王婆婆一听，顿时浑身没了力气，前方是茫茫的大江，她没钱渡江，身后是吃人的社会，还有那还不清的谷米。她一下子昏倒在地，这真是晴天霹雳一般，这是个什么世道，哪里留给穷人活路？醒来后，王婆坐在江边，失神地望着滔滔江水，哭了整整两天两夜，一个好好的、完整的家庭，一转眼，已经家破人亡、夫离子散。最后，她只能选择投江自尽，来抗议这黑暗的世道。

同学们听了这几个同学讲述的情况，心中十分不平，个个义愤填膺，有的女同学还掉下了眼泪。萧楚女也是备受震撼，满腔激愤地说："这叫阶级压迫！""阶级压迫？"同学们都还是第一次听到这样一个词，还不能完全明白它的意思，一个个瞪着疑惑的眼睛望着萧楚女。萧楚女说："今天我就给大家讲马克思的阶级斗争学说。"他转过身，在黑板上写上"阶级斗争"这四个大字，接着说："马克思所说的阶级，就是经济上利害相反的两种人，一种是占有土地和资本等生产手段的有产阶级，一种则是没有土地也无资本的无产阶级；一方是压迫他人，掠夺他人，而另一方是受人压迫，被人掠夺。"

显然，突然听到这么多新思想、新名词，学生们理解起来，有点儿深奥，但没有一个同学出声，都似懂非懂地听着。萧楚女见台下如此安静，也觉察到了这一点，接着联系刚才的故事说："像李老财，他有土地，这土地就是生产资料。王婆婆没有，王婆婆只是租种他人的土地，王婆婆并没有生产资料，所以，李老财就趁此机会，盘剥王婆婆，压榨王婆婆一家，这就是两种阶级的斗争。大家都看见了，这有产者对无产者压榨得十分厉害，以至弄得王婆婆最终家破人亡。"这一结合着学生亲眼所见、亲耳所闻的讲解，让大家一下子恍然大悟，都坚定地点点头，认真地写着笔记。

萧楚女继续说："马克思认为，从来的历史尽是阶级对立——固然在种种时代呈现出种种不同的形式，但从未间断过，这种对立时时存在着，阶级斗争时时进行着。马克思的这一观点，是切合历史实际的。像我们唐朝时的大诗人杜甫说'朱门酒肉臭，路有冻死骨'，反映的也正是这两种阶级的对立。南宋初年的一首民谣这样写道：'月儿弯弯照九州，几家欢喜几家忧？几家夫妇同罗帐，几家散落在他州？'反映的也是这样的对立。"

学生李实站起来问道："那将来的社会，永远就会是这样对立着吗？"萧楚女见学生们已经在结合现在的社会思考，十分欣慰，向他投去鼓励的目光，说："马克思认为，未来社会的历史，就是互助的历史，没有阶级斗争的历史！"李实听到这样的回答，顿时受到了极大鼓舞，又大胆地问："那要怎么样才能达到那样一个大同的社会？"萧楚女听罢，并没有立刻回答他的问题，他环视了一下台下学生们的表情，估计着他们每个人心中的想法，然后大声说："那就是那些受盘剥、受压迫的阶级要联合起来，消灭那些盘剥人、压榨人的阶级，把这些剥削阶级从地球上、从人世上统统铲除。"

这掷地有声的一番话，在当时偏僻的鄂西北，像一声惊雷，震动了每一位学生的心灵，他们个个目瞪口呆。萧楚女这时举起双臂，奋力地一挥，斗志昂扬地说："只有这样，才能改变千千万万像王婆婆一样的人的命运！"萧楚女激动起来，他越讲越兴奋，声音也越来越大，整个教室里都回荡着他洪亮的声音，甚至，谁也没有听见已经响起的下课铃声。

这一堂马克思主义哲学的课程，很快在校园里引起了爆炸性的反响。教师中间、学生中间，纷纷引起热议，这议论很快便冲破了校门，社会上越来越多的人参与到对这个问题的讨论中。

如果说在这地球灭亡的时刻，按照上帝所说，及时造出了拯救人类的诺亚方舟，使人类平安度过了这场灾难，使人类重获了新生，那么，萧楚女今天上课时的一番有理有据的演讲，正像这一叶方舟，将马克思主义哲学中阶级斗争的思想栩栩如生地传授给了每一位学生，激发了更多的学生救国救民的想法。

这一把火,照亮了鄂西北的知识青年们的方向,在迷茫中飘荡了许久的他们终于找了理想奋斗的方向。当然,这一把火,也引起了反动当局和当地土豪劣绅的强烈不安,他们用惊恐和凶狠的眼神注视着这个宣传马克思主义学说的新教员。

四、衣带渐宽终不悔，为伊消得人憔悴

1

萧楚女宣传的革命思想，犹如旱天的甘露，滋润着人们闭塞、干涸的心田；犹如第一缕春风，吹开了在寒石冻土中压抑的新芽。萧楚女在不长的时间内，把死气沉沉的学校变得热火朝天，他自己也很快成为襄阳二师进步师生的思想领袖。

萧楚女的性格像一团火，发出的热能温暖着周围的人，大家有什么事情都乐于找他，他也乐于跟人交朋友。他善于用一种信念，把周围的人"溶"在一起。

萧楚女在教了鲁迅的名著《孔乙己》之后，有个学生来找他，羞红着脸，委屈地说："萧老师，有的同学喊我'孔乙己'！""啊！"萧楚女不由得一惊。他认真地看了看这个学生：浓眉、尖脸、个子瘦小，穿着一件打着补丁、洗得泛白的青布长衫，满头黑发蓬松而又凌乱。这学生见萧楚女的眼睛在他身上骨碌碌地打转，顿时不自在起来，他噘着厚厚的嘴唇，又愤愤地补了一句："太欺侮人了！"萧楚女和蔼地安慰道："这样乱起诨名是很不好的，我了解一下再说，行吗？"那学生以信任的眼光瞅了瞅萧楚女，点了点头，慢吞吞地走了。随即，萧楚女就找到了李实、孙承孝几个进步学生了解，才知道那同学叫尹全三，均县人，他勤奋好学，埋头故纸堆，读过不少古书，因此有些迂腐，平日说话好用之乎者也矣焉哉。去年，五四运动那阵子，在樊城四官殿开了一个一万多人的大会，声势浩大。大会主席是鸿文中学学生管子才，他在会上义愤填膺，慷慨陈词，要求内惩国贼，外争国权，废除"二十一条"，并且当场咬破手指头，在白布上书写"还我山河"四个血淋淋的大字，很感动人，不少人激动得泣不成声。可是尹全三在一旁摇头晃脑，咬文嚼字："壮哉！壮哉！慷慨悲歌之士也，吾不如焉！"弄得同学们哭笑不得。后来，大家喊他"之乎先生"，这次学了《孔乙己》，又都喊他"孔乙己"。

萧楚女听了他们的介绍，摸清了事情的来龙去脉。他告诉他们对这样的同学不要采取讽刺的态度，要多做引导工作，使他能从故纸堆里爬出来，关心时局，关心国家和民族的命运。李实他们点着头，觉得萧老师讲得有道理。

一天晚饭后，萧楚女邀尹全三谈心。他们肩并肩地走着谈着，来到老龙堤上。虽然时令已是深秋，但汉江的水依然很大，那横冲过来的惊涛撞击着堤岸，把击碎的浪花用力地抛到空中。宽阔的江面上刮来的风，凉飕飕的。他们款款而行，谈得是那么亲切，那么知心。萧楚女的热情融化了尹全三的顾虑，他信任地毫无保留地向萧老师敞开了自己的思想。

尹全三小时候受他伯父的影响很深。伯父过去由于"三更灯火五更鸡"的苦读，曾考中过秀才。他以自己的生活道路教育尹全三，要他"两耳不闻窗外事，一心只读圣贤书"，"十年寒窗苦，方做人上人"。尹全三记得最清楚的是有一年过年，他伯父给他家写一副对联：效祖宗执笔，名垂青史；愿儿孙读书，身显庙廊。尹全三就是在这样的教育熏陶下，形成了"苦读诗书，光宗耀祖"的思想。萧楚女听了尹全三的叙述，不觉喟然长叹："这真是自己遭害，又去害人害子孙！"尹全三不懂萧楚女的意思，迷惘地瞪着他。萧楚女帮助他分析，认识这种思想的危害，他说："这种旧文人的传统封建意识，是统治阶级套在读书人颈上的精神枷锁。这种精神枷锁下，许多文人名利熏心，不择手段往上爬，一旦做官便压榨民众，鱼肉民众。而又有一些人仕途失意，当不了官，便变成了五谷不分、四体不勤的废物，像孔乙己，又可怜又可嫌，他们自命清高又好吃懒做，迂腐穷酸又麻木不仁，这是旧时代知识分子的悲剧！"

尹全三侧着脸，以崇敬的目光凝视着萧楚女，心中多年来形成的冰山雪峰，似乎在萧老师谆谆教诲的暖流下悄悄地溶化。萧楚女突然问道："你伯父还健在吗？"尹全三摇摇头："在我14岁那年，他得了痨病，没有钱治疗，贫病交加，惨死在病榻上。""每年清明还有人去上坟吗？""没有，他是一个孤老，膝下无子女，逢到我回去，才在他坟上添一捧黄土。"萧楚女思索片刻，叹道："他一生热衷于追求光宗耀祖，到头来连自己的墓地也无人修整，成了狼嚎狐啼的荒坟野冢。"尹全三也怆然叹息。萧楚女说："不仅是你的伯父，就是那些曾经显赫一时的万户侯，最后也被人们视为草芥。而为人民除弊兴利的人，人们会永远怀念他。你看看老龙堤。"

尹全三放眼望去，十里长堤一眼望不到头，堤身宽厚，坚实，像十里长城坐守在那里，巍然壮观，江水从它脚下驯服地流过。在晚霞的映照下，堤外的江水泛着粼粼金波，堤上一片橘红色，堤内阡陌纵横，晚秋作物在微风中沙沙作响。萧楚女指着堤内说："过去这里一发洪水就是一片汪洋，襄阳城也四面被水包围着。晋朝的时候，襄阳出了一个叫习凿齿的人，字彦威。他主持修了这道江堤，成功阻止了江水的泛滥，为黎民百姓造福。就这么一件功劳，一千多年来，这里的老百姓，没有一个人忘记过他的名字。"说着萧楚女指了指南边的大山又说："你看，那是习家祠，人们在他幼年读过书的地方建立寺庙，纪念他。"

尹全三大为所动，深情地看着脚下这走过不知多少遍的大堤，仿佛只有今天才知道这堤岸于他而言有了更加深厚和切身的意义。萧楚女欣慰地说："什么光宗耀祖，完全是狭隘的观念！应该改为光祖耀民，为中华民族争光，为黎民百姓造福，这样的人才是有出息的，才是为世人所敬仰和铭记的啊！"尹全三赞同地点点头。萧楚女又指着南边的一座山说："你们都知道，那是羊祜山。羊祜是晋朝的征南大将军，他坐镇襄阳时，保护农桑，发展生产，后人为了纪念他，把那山叫羊祜山。羊祜死的时候，推荐杜预接替他的职位，杜预如他一样，爱惜农田，于是，后人为他建立了功德碑。人们常常把他们两人并列，称为'羊杜'。所以人生于世，只有能为人民着想，为人民谋福利，人们才不会忘记他。"

萧楚女这样把历史与现实，把当地名胜与风俗，把尹全三的家庭情况和他个人见解结合起来的谈话，亲切、生动、具体，感人肺腑，发人思考，使得尹全三那种为光宗耀祖而发奋读书的思想一下子显得那样渺小。听罢，尹全三动摇了。

太阳下山了，晚霞也慢慢收起来她最后一抹绛紫的余晖，天色逐渐暗下去，当他们这两个原本陌生的心灵，忽然间展开了心扉，用心去接受对方的时候，他们不禁同时哼唱出了本校音乐教师舒衡浦创作的《羊杜颂》，这首歌抒发着作者对社会现实深深的不满，对体恤民情，为民服务的羊、杜二人的深深的怀念，盼望在当前这个黑暗的社会中，能再有这样的人物出现。

萧楚女他们哼唱着这首歌，越唱越起劲儿，忧国忧民的情绪在他们的胸中回荡；他们一会儿又哼得很慢、很低，几乎要被眼前这江水撞击堤岸的声音淹没，但现在已经没有声音在尹全三的心中能大过老师的教诲和为国为民的心声。

2

1917年11月7日，俄国爆发了十月革命。十月革命是伟大革命导师列宁和布尔什维克党领导的武装起义，建立了人类历史上第二个无产阶级政权（第一个无产阶级政权是巴黎公社），并且建立了由马克思主义政党领导的第一个社会主义国家——俄罗斯苏维埃联邦社会主义共和国。革命推翻了以克伦斯基为领导的资产阶级俄国临时政府。在攻打冬宫的隆隆炮声中，全俄罗斯第二次苏维埃代表大会在斯莫尔尼宫开幕，大会首先通过了列宁起草的《告工人、士兵和农民书》，宣告全部政权一律归于工人、农民、士兵代表的苏维埃。1917年11月8日，大会通过了列宁起草的《和平法令》和《土地法令》。《和平法令》揭露了帝国主义掠夺性战争，反映了广大劳动人民迫切希望和平的愿望，建议一切交战国立即进行谈判，缔结不割地不赔款的和约。《土地法令》规定立即废除地主土地所有制，全部土地收归国有，交给劳动农民使用。最后，代表大会选举成立了世界上第一个工农兵苏维埃政府——人民委员会，无产阶级伟大导师列宁当选为人民委员会主席。

1920年9月27日，俄罗斯苏维埃联邦社会主义共和国政府，第二次对中国政府的宣言发表以后，我国举国上下议论纷纷，社会上的进步团体和势力，一致要求恢复中俄邦交，谴责北洋军阀政府的声浪，一天比一天高。消息传到襄阳，工农商界纷纷加入到声讨北洋军阀的队伍中，渴望了解事实真相。北洋军阀的爪牙张联升和熊斌手忙脚乱，千方百计，封锁消息，镇压各界要求进步的声音。

苏俄社会主义国家的建立，使得萧楚女以及社会上的进步青年与团体，看到了希望。为了响应苏俄宣言，教育民众，萧楚女到各处演讲，让更多处在压抑中的民众看到苏俄政府这前无古人后无来者的壮举，激发人民的革命决心。萧楚女不断地向群众揭露北洋军阀政府的黑暗与腐朽，号召民众觉醒，希望人民能联合起来，推翻北洋政府的黑暗统治，建立一个跟苏俄一样的民主政府。

在一个星期天的上午，萧楚女冒着军阀督查的风险，在初二（丙）班的教室里，举行一次时事演说。他慷慨激昂地赞扬苏俄的壮举，他说道："列宁的工农政府声明，无偿退还俄帝国政府掠夺中国的土地及一切权利，交还中东铁路矿业林业等，及以前帝俄政府、克伦斯基政府、土匪霍尔瓦特、谢米诺夫、科尔恰克以及其他军人、律师、资本家掠夺中国的特权，皆归之于我国人民；又自愿废除一切不平等条约，放弃庚子赔款及领事裁判权等。同学们，你们说这是不是好事？"同学们禁不住异口同声地说："好事！好事！大好事！"教室内满挤着听众，大家都热情饱满，听到这些，顿时教室里爆发出雷鸣般的掌声。萧楚女激动地将手臂在空中一挥："同学们，这是何等空前的义举！"

萧楚女话音未落，走廊里就转来了一阵急促的脚步声。一会儿，就从人群里挤出两个士兵，走在前面的那个，三十多岁的样子，腰间别着一支短枪，看样子像是个军官；走在后面的士兵，背着一支汉阳造。别着短枪的军官气势汹汹地冲着萧楚女吼道："镇守使有令，不准妖言惑众，谁叫你在这里大放厥词。"萧楚女见他蛮横无理的样子，知道来者不善，按下怒火，平静地说："我们这是在上课！""上什么课？你是什么人？"军官牛眼一瞪，恶狠狠地对萧楚女说，好像要一口把他吞进去。"我是本校的教员，姓萧名楚女，也是这个班上国文、哲学、化学等课程的老师。如果镇守使认为我的讲课内容激进犯上，那么我们学校的全体教员和学生都要停课，试问，这所学校是需要关门的吗？"

那两个当兵的，听到这一番话，被噎得哑口无言，他们不知如何回答，蒙头蒙脑地立在众目睽睽之下。台下的学生一个接一个地呼喊："我们要上课。""不要扰乱我们的课堂。""我们要读书。"最后这声音连成一片，在教室里回荡。有的同学依然不服，大声喊："天地君亲师，老师讲课天经地义。"有的在一旁讽刺道："你们去问问孔夫子，读书犯了什么法律？"那军官也火了，把手狠狠地拍在讲台上，说："你们嚷什么，老子没说不叫你们上课，上课要按照课本去教，不可以在这儿妖言惑众。"那军官忽地把头转向萧楚女，说："萧教员，你听清楚了没？"萧楚女却泰然自若地说："老总，您先别发那么大脾气，气坏了身体还不是自己遭罪。这书本上的知识包罗万象，上下几千年，纵横数万里，讲啥不行呢？"那军官这下子又火冒三丈，瞪着牛眼说："你在讲什么，你，你，你，你在讲苏俄！"萧楚女眯起眼来，一笑说："我讲苏俄有什么不好，这怎么就惹上老总您了，我今天讲的并不是真正的苏俄，而是天鹅。""什么是天鹅？"同学们一愣，不知萧老师说的是什么意思，那军官更是丈二和尚摸不着头脑，呆呆地瞅着他。萧楚女继续说："中国人喜欢吃'天鹅肉'，苏俄政府分文不要送还在华的一切特权，这不是给我们送来了'天鹅肉'吗？天底下恐怕没有比这更好的'天鹅肉'了，这是自有人类以来空前的美举啊！"同学们不断地发出咯咯的笑声。萧楚女沉下脸色说："一切存有良知的中国人，一切炎黄子孙，难道不应该欢迎和接受这一切吗？难道应该像猪狗似的趴在帝国主义脚下乞讨说'天鹅肉我们不要，我们欢迎你们来掠夺金银财宝，欢迎你们来压榨我们的民众，欢迎你们来玷污我们的姐妹'？作为一个中国人，我们是断然不能这么做的。""对，不能。""不能。"学生们听老师这么说，群情激奋地响应着。

　　萧楚女幽默犀利的语言，学生们昂扬激愤的情绪，使那军官再也不敢放肆了，他红着脸，边往外退，边结结巴巴地说："反……反正，反正你不要在这里妖言惑众。"在同学们的一片"嘘"声中，两个当兵的人败兴而去。经过这么一番折腾，学生们的情绪就更加激动了，教室里的气氛也更加活跃了。闻讯赶来听萧楚女上课的人，也是也来越多，教室里十分拥挤，窗外也是里三层、外三层，有的被身后的同学挤得趴在窗户上，有的干脆趴在别人的肩膀上，外面的同学实在没有办法，就搬来板凳，站在凳子上听，突然，窗外"咔嚓"一声响，长条凳被四五个学生踩塌了，教室里传来一阵笑声，

　　萧楚女的课吸引了更多的学生来听，并且他们都听得津津有味。教室里，一个学生站起来大声喊："肃静！肃静！我提一个问题，我们都知道俄国人过去费了好大力气才夺取了那些特权，为何突然间要双手奉还呢，这不是傻了吗？"这个问题，一下子就问到学生们心眼儿里去了，大家也都在疑虑俄国这种主动示好的做法，会不会有什么目的。萧楚女先是夸奖这位同学的问题提得好，他沉思一下，极其热情地回答说："回答问题前，我们必须先了解苏俄政府的性质。过去掠夺中国的是代表地主资本家的帝俄政府，是沙皇统治下的俄国，1917年十月革命，列宁领导工农群众推翻了沙俄政府，建立了代表工农群众利益的新政府，名叫俄罗斯苏维埃联邦社会主义共和国。这个

新政府的立国精神是铲除资本主义侵略的恶根，提倡工农解放，提倡自由、平等、互助，为全世界工农民众、为全人类谋取永久和平安宁。"萧楚女说着说着，拿起粉笔，把苏俄的立国精神书写在黑板上，他说："在中国，一个政府要想国泰民安，必须做到这两点，其一，就是使国家再不受外邦侵略，即废除洋人在华一切特权；废除秘密外交，让信息、政务公开；归还被瓜分的中国领土；不再要求政府赔偿不计其数的黄金、白银，如此，中国政府也不必再四处掠夺民财。其二，在国内，废除三六九等的阶级社会，人吃人的社会；排除外力的压制。"萧楚女转过身，指着黑板说："正是这种立国精神，让新政府放弃了沙俄掠夺的一切特权，这是全人类的幸福。"

同学们心中的疑团解开了，交口称赞苏俄立国精神之伟大、高尚。萧楚女环视了一遍学生们，高声说："我们赞同这种崇高的立国精神，不是因为对我们有利，而是这种精神废除了旧社会的压榨、剥削，能把人类引向大同。我们要重塑一个像苏俄一样完全自由的、人人平等的、互助友爱的新社会，这个新社会就像现在的苏俄一样，推翻地主资本家的政府、建立工农掌权的革命政府。"同学们都在台下聚精会神地听着，频频地点着头，思索着这些先进的新颖的理论。接着萧楚女开始用现在的北洋政府对苏俄的恐惧来激起学生更多的斗志，他说："如今的北洋军阀政府，就是一个不折不扣的傀儡政府，为了维护日本等帝国主义国家的在华利益，对苏俄宣言采取了拖延、抵制的态度。现在，在全国民众的正义声讨下，北洋政府不得不派张斯麟代表团去莫斯科谈判。但代表团待在那里无事可做，接不到政府的训令，什么也不敢谈，什么决定也不敢做，这说明中国的政府还在拖延，实在令人气愤。"

萧楚女的演讲很快激发出大家的爱国热忱，学生们个个热血沸腾，大家纷纷要求致电北洋军政府，谴责其表现出的懦弱与恐惧，要求迅速完成与苏俄的谈判，来响应苏俄的友好宣言，恢复与苏俄的邦交，发展两国友谊。萧楚女当场执笔拟写电文，由李实、孙承孝同学送到邮局，发往北京。

萧楚女的这一次演讲，大大影响了学生们对时局的看法，他们开始更关注国家的前途和命运，也更关注曾经令中国人民痛心疾首的俄国新发生的革命。他们自发搜集介绍俄国革命的报纸杂志，探索中国该如何借鉴苏俄的模式，结合中国的实际，建立能够代表广大工农群众利益的政府。

在襄阳第二师范学校的影响下，襄阳鸿文中学、第十中学、淑华女子中等学校，也纷纷致电北洋军阀政府。后来，社会上进步青年的情绪更是一再高涨，大家高呼正义的口号，上街游行示威。襄阳学界在五四运动中曾涌现过的爱国主义热潮，如今又掀起了新的浪头。萧楚女团结襄阳、樊城各校学生领袖，成立了襄阳学生联合会，选举二师学生阎平阶为第一任主席，使襄樊地区的学生运动，更加有组织、有领导、有规模地开展起来。

3

随着萧楚女在二师及襄阳、樊城内的革命活动的不断扩大，很快，他的名字便引起了军阀、土豪劣绅们的注意，也引起了一些与萧楚女志不同道不合的人的反对，学校里反对萧楚女的老师，在校园里议论他的声音也不胫而走。"萧老师么，阅历浅，年轻气盛，不知世事艰难，碰几回钉子，呛几口水，就知道锅是铁打的，饭是米做的。"说这话的是国文教员，号称"怪人"的杨立生。

襄阳这个地方有三大怪人。第一怪人，马歧三，白家湾人，住在襄阳城大北门玉皇阁。他怪得出奇，一年到头穿一件像是从油锅中捞出来的衣裳，油黑油黑的。他从未做过官，好到处打抱不平，因为文笔还不错，许多打官司的人，找他写状纸，出主意，他倒也乐此不疲。这第二怪叫庞俊三，他平日里不做正经事，专门借打官司，为权贵出力，打压穷苦人民，他还豢养了一批爪牙，欺压百姓。第三怪就是襄阳二师的国文教师杨立生。他家境并不好，但人很聪明，13岁就中秀才，后来他却并不安于做一个穷书生，经过长期细心的观察和研究，再加上他善于变通的性格，短短几年，就在赌场上赢了不少钱，在当地开了几家小有名气的钱庄不说，还在红花园巷子里买了些房子，在襄阳、南漳购置了300多亩田地。随着辛亥革命和五四运动的爆发，时局变得动荡混乱，为保住平安清净，他卖了水田，关了钱庄，可又不稀罕做官，想来想去，终于想起自己当时还算个少年秀才，随即，买来书和字帖，在家专心练字、研究学问。他从小便信奉道教，研究了几年老庄哲学，所以，上课时总是老子、庄子的不离口，然而，这些清净无为、虚无缥缈的学说，显然提不起学生们的半点儿兴趣来。杨立生先前毕竟没有什么教职经验，讲起课来，并不懂得深入浅出的道理，所以，他的课上得晦涩难懂，很不讨同学们喜欢。可是，他从没把这些放在心上，一味觉得自己就是真理的化身，学识渊博，平时也不把其他老师放在眼里，像萧楚女这样宣传新思想的教员，他更是觉得难以理解。

有一次，国文教师们围在一起，研究教学，杨立生盯着萧楚女，他自然是不爱听萧楚女这些革命的思想，这和他那套清净无为的学说实在相去甚远。他挑衅道："你总说这社会要革新，要优胜劣汰，那你觉得马克思学说与老子的道教学说，孰好孰坏、孰优孰劣呢？"萧楚女微微一笑，看了他一眼，不想与他起什么争执，不温不火地回敬一句："不可同日而语！""好，不可同日而语，我倒想听听萧老师对道教的看法，怎么个不可同日而语法？"杨立生猜想，像萧楚女这般年轻气盛的教员，定是没学过历史，没碰过几本古书的，对道教这样深奥的学问更是一无所知，于是，故意追问来为难萧楚女。秦纵仙见杨立生来势汹汹，劝道："行啦，行啦，今天不研究这深奥的学问，只研究教学方法，别跑题！"杨立生却一定要萧楚女说出个所以然来，几个和杨立生关系不错的同事也怂恿道："是啊，是啊，我们也想听听萧老师的高见！"

萧楚女看着眼前这阵势，心里想："如果不应战，必然给这些人留下话柄；但是既然迎战，就必须以理服人。"萧楚女认真地思考着。秦纵仙见萧楚女思索半晌，还没有发言，怕他出丑，使劲儿揪着他的衣角说："你出来，你出来，我有事儿找你。""好好好，有事，有事，你们去说你们的事儿。"杨立生和几个教员嘲笑着说。萧楚女想："既然已经到这个份儿上了，我就要好好教训教训你们，这样一来可以挫挫你们的锐气，二来可以借此机会批判一下唯心主义那套虚无缥缈的理论。"于是，他轻轻推开秦纵仙的手，淡定地说："刚才杨先生问我，马克思主义学说与老子的道教学说，谁好谁坏？我认为此言差矣！"杨立生一副不屑的表情说："多谢，多谢，我同诸位老师愿洗耳恭听。"只听萧楚女慢条斯理地说道："老子是道家的鼻祖，难道道家和道教是一回事儿吗？""老子是道教的始祖，当然是一回事儿，这是常识！"杨立生用讽刺的口吻说。但是他说完，又觉得心里没底。当然，这话说得是有漏洞的，但是若非通习道教的人也是辩不出个一二三的。杨立生怎么也想不到，自己此话一出，就让萧楚女占了上风。"我认为这两者是有区别的。"老子是道家，道家是先秦的学术派别之一，而道教是东汉时期形成的一种宗教。"刚才还在旁边替萧楚女担心的秦纵仙见萧楚女胸有成竹，心就放下了一半，坐下来听萧楚女讲起道家和道教来。

萧楚女话锋一转，说："当然，这两者并不是毫无联系的。道家哲学是道教的思想渊源之一，道教创立的时候，奉老子为师祖，老子的《道德经》也是道教的主要经典，规定为教徒们的必读书目。道教取老子的道，但是又把道家理论与神秘化了的玄学结合起来。所以，这道家和道教是既相互联系，又相互区别的。道教直承于道家，而道教又是道家的载体。"杨立生听了萧楚女的一番话，有些惊讶，原本坐得板直的身子，开始摇晃起来。萧楚女见他这副表情，声音也更加洪亮了："道教所崇拜的最高天神，是由道衍化而来的三清尊神——元始天尊、灵宝天尊、道德天尊。其中，道德天尊就是'老子'。'道'披上了宗教的外衣，就弄得玄乎其玄，神乎其神，这信道就成了信教，信人也就变成了信神。"

在场的老师们都静静地听着，原本以为萧楚女定对这方面一无所知的几个老师，也开始频频点头，流露出钦佩的神情。一句莫名其妙的话打破了这片刻的宁静："老子不就是神仙吗？"说这话的老师平日就是个酒囊饭袋。对于这种自命清高、肚子里没一点儿学问的人，萧楚女只觉得他可怜，笑笑接着说："道教所追求的目标，是长生不死和得道成仙。道教认为，除了人的世界以外，还有神的世界，叫'洞天''福地'，有'十大洞天''三十六小洞天''七十二福地'，认为人可以修行得道，可以成仙……"

"丁零零！"下课的铃声响起，校园里又人声鼎沸起来。秦纵仙走到杨立生面前，绵里藏针地说："杨老师，不知道您对萧老师的一番解释还满意否，但是有些老师可是要去上课了。"说完这话，秦纵仙又走到萧楚女跟前，说："你今天可是在关公面前耍大刀，班门弄斧了。"这时的杨立生看着萧楚女，干笑了两声说："没想到，萧老师年纪轻轻，真是博学多识啊，杨某佩服！佩服！"这时的萧楚女忽然说："几位老师请留步，我还有几句话要说。"按照马克思主义的观点，宗教是麻痹人民的精神鸦片，道教也不例外。统治阶级为了愚弄黎民百姓，提倡宗教，提倡修来世。也就是说今生今世，你要老老实实地受我压榨、剥削，不要反抗，要逆来顺受，来生一定有好命。这是骗人的鬼话！"这几句话听下来，杨立生已经脸涨得通红，萧楚女见他这副神情，又说："当然，对某些人来说，情况就不一样。有的是受了时代潮流的冲击以后，感到事事不顺心，不如意，便看破红尘，逃到宗教里去找安慰。"杨立生脸上露出尴尬的表情。萧楚女平静地说："杨公，晚生送您一副对联，望笑纳！"只见萧楚女拿起桌上的粉笔，在办公室的公告板上写道："风声、雨声、读书声，声声入耳；家事、国事、天下事，事事关心。"在场的老师看了，有的沉默不语，有的敬佩地点着头。

虽然，表面上看来这只是不同思想观念的一次论争，然而，它却反映着当时中国，思想理论之多元，人们信仰之不同，已经有一些像萧楚女这样先进的知识分子在努力跟上历史前进的车轮。从此，教师们都重新认识了萧楚女这样一个看似年轻气盛，实则博学多识、才思敏捷的年轻人。

4

大年三十，襄阳的天空酣畅淋漓地飘着雪花，这是岁末的最后一场雪，也是岁首的第一场雪。晶莹剔透的雪花像柳絮一般轻盈地飘飞，严严实实地包裹起大地的每一个角落，凛冽的西北风卷起地上的雪片，扬在半空里，扬得很高，很高，空气湿冷湿冷的。狂躁的风用力地拍打着单薄的玻璃窗，一阵阵颤动的声音，好像要把这天地都摇动起来，这风也许并不能影响富贵人家吃喝享乐，却给穷困的百姓带来饥寒交迫。

萧楚女已经一晚没睡，夜里他刚为《新青年》赶写了一篇时评，又想起家中的老母亲和几个苦命的妹妹，于是，他提起笔给家人写了一封节日的道贺信。在信的末尾，萧楚女总是加上这样一行字："儿不孝，望母亲原谅！"是啊，他仔细想一想，自从决定要为改变如今这个积贫积弱的中国而奋斗之后，他没有一天不在为此工作，逢年过节与母亲也是天各一方，极少回家，想到母亲日渐衰弱的身体和苍老的神情，他就十分自责。为了排解这种乡愁，他准备马上去邮局把这稿子和家信寄走，或许在大街上还可以感受一下节日的气氛，"家里遇上节日，无论贫富，总该是其乐融融的吧。"

走出门去，雪不停地落在萧楚女的头发、肩膀、围巾、眼眉和睫毛上，眼睛上也蒙了一层厚厚的雾，一会儿，就像个雪人似的。远处的山峦已经披上了一件银白色的轻纱，院里的女贞树上盖上了一层厚厚的棉被，只有门外的几株还盛放着，凌寒独自挺立。粉红色的花骨朵，开得像胭脂一般，煞是好看，散发出苦寒的香气，沁人心脾。萧楚女走到大街上，刚才沉重的心情顿时轻松了许多，他感到虽然风雪席卷着寒冷和苦难而来，但节日气氛依旧浓厚。每个人都穿上节日的新装，走东家串西家，笑盈盈、乐呵呵的，相互拜年，祝愿新年新气象。萧楚女走到当地一家豪绅的门口，鱼肉、酒菜诱人的香味，和着猜拳行令的吼声，一起飘出这漆红的大门。院子里不时传来孩子们奔跑嬉闹的声音，还有噼噼啪啪的鞭炮响声。

然而，不远处的一间茅草屋引起了萧楚女的注意，破旧的茅屋门上贴着一副对联，这不正是他常常用来讽刺这社会的对联吗？只见上面写着：年年难过年年过，处处无家处处家。萧楚女见门上简单地上着一把锈迹斑驳的锁，两扇轻薄的木门在寒风里不断地吱呀作响，萧楚女心想，这一家苦命的人去了哪里？在这样喜庆的节日里，他们一定是跑到亲戚家借债去了，年末了，恐怕是欠了哪个财主的租子还不上吧，或者一家人趁着有钱人愿意大发慈悲的时候，沿街乞讨去了。想到这些场景，萧楚女又是一阵心酸，这年如今只有富人才过得起，这穷人的年关，恐怕都是经历一场劫难吧。

突然，有一只手拍了拍萧楚女的肩膀，说："哎呀，萧先生怎么自己跑过来了，叫我好找啊。失敬了。"萧楚女一转头，看见是杨立生，心中不免一惊。还没想好说什么，杨立生反而先抱起拳头，毕恭毕敬地说："萧先生，新年好！恭喜恭喜！今天想请你到我的寒舍过年，不知道是不是失礼了？"萧楚女听他这么一说，更是丈二和尚摸不着头脑，他觉得杨立生今天有些奇怪，平日里这样一个孤芳自赏的道教徒，曾想让自己当众出丑的怪人，今天怎么竟然这样客气。他不想去，故意岔开话题说："杨先生，你看这副对联，多么讽刺。"杨立生往那门上瞅了一瞅，叹口气说："萧先生真是要赶上范文正公了，忧国忧民，胸怀天下。""哪里，哪里，我不过是每每见到这朱门酒肉臭、路有饿死骨的情景，就觉得这世道太不公平罢了！"

交谈间，他们两人的身上已经积起一层白雪。杨立生掸了掸脸上的雪粒子，拽着萧楚女说："走吧，如果不嫌弃，请到我寒舍聚一聚。"萧楚女见他表情和言辞间都十分诚恳，也不好再推托，只能让他强拉着去了。杨立生家虽已经不像往日一样阔绰，但依旧是布置一新，窗明几净。杨大嫂为人也很健谈，对萧楚女十分热情，早就已经备满了一桌酒菜。平日滴酒不沾的萧楚女，也在大家的盛情邀请下，频频举杯，为主人祝贺新年。杨立生喝到耳热酣畅时，说："上次我们的争论，你说的那一番话，真是让我受益匪浅，你赠我的那副对联，我反复琢磨，觉得很有道理，真使我茅塞顿开。人生一世何必去追求那些并不存在的、虚无的东西呢？"杨立生虽然有些醉了，但这一番说得却是逻辑清晰，使萧楚女感到十分意外，想不到这老学究的思想竟这么快就变得开明起来，看来自己过去并不完全了解他。

从那次争论之后，萧楚女对这位怪人已经有了很深的印象。杨立生逃避现实，躲进故纸堆里，对新鲜事物不了解，也看不惯，对新的变革即将来临充满了恐惧。一旦有人提到社会变革的必要性，或者看到社会变革的可能，杨怪人一定会惊诧莫名。在萧楚女眼里，杨立生一直是一个不敢面对社会现实的儒生罢了。然而，现在……杨立生又感慨道："一个人如果躲进书斋，只听风声、雨声、读书声，那只会使人颓废消沉。萧先生，你是很有见识和魄力的，那天，你有些话说得真是一语中的。"萧楚女谦虚地答道："我不过是想劝你关心家事、国事、天下事，是想请你回到现世中来。现在社会动荡，急需要我们这样的教书先生先去反省和觉悟，只有这样我们才能教出同样认清现实，对社会进步有用的学子。"

杨立生高高地端起酒杯，一饮而尽，然后将杯子往桌上重重地一放说："立生不过是一介书生，只求活得踏实安稳，这拿了笔的手，又怎么拿得动刀枪，又岂敢萌生救国救民这样的豪情壮志！"萧楚女反驳道："他年成败利钝不计较，但恃铁血主义报祖国。""什么什么，你刚才说什么？"杨立生红着脸，瞪大眼睛，不解地看着萧楚女。萧楚女给杨立生斟上酒，说："我突然想起了秋瑾，这是秋瑾就义时说的话。""啊！那可真是位了不起的女性，号称鉴湖女侠。"杨立生附和道。萧楚女见杨立生对这样的人物也是十分佩服，继续说道："她也是一位书生，而且还是位大家闺秀，但她痛恨清王朝的黑暗统治，疾恶如仇，她的条件本可以高枕无忧，不必为命运奔走，然而，她看清了这个社会，始终站在贫苦大众的立场上看待事物，不逃避社会现实，而是到处为穷苦百姓，为社会光明而奔走、呐喊。'身不得，男儿列；心却比，男儿烈'，她自己这样评价自己，是多么贴切。这话说得好啊！我记得她的《对酒》诗，写得也是豪情满溢，石破天惊，荡气回肠。"萧楚女随口背诵道：

> 不惜千金买宝刀，貂裘换酒也堪豪。
> 一腔热血勤珍重，洒去犹能化碧涛。

杨立生使劲儿张着一双醉红的眼睛，头脑随着萧楚女读的秋瑾的诗句摇晃着，感慨地说："感人，感人！发自肺腑啊！"萧楚女吟完这诗，借着酒酣，兴奋、激昂地说："多么了不起的女性！她组织浙江省武装起义未成，被清王朝杀害，但她死得其所，为自己终生奋斗的事业，为自己的兄弟姐妹们，虽败犹荣，死前她还在写给徐小淑的信里说：'虽死犹生，牺牲尽我责任；即此永别，风潮取彼头颅。'敌人对她如此残忍的严刑拷打，她口里始终只有'革命的事不必多问''要杀便杀'几句大义凛然的话，坚贞不屈，她的死唤醒了多少民众，鼓舞了多少爱国仁人志士，不愧为辛亥革命的先驱！"杨立生深感惭愧地说："是啊！一位闺中女子，竟有如此胆识，视国家重任为己任。想想自己，真是自惭形秽！"萧楚女再干一杯说："你说得对，以天下重任为己任。一个人有着什么样的胸怀，他就能有什么样的志向，如果一个人能时刻想着国家、天下的兴衰，那么他的精神一定会得到极大的振奋，就是抛头颅、洒热血也心甘情愿。一位女子尚且能做到如此，更何况我们这些铁血男儿？我们也一定能办得到！"

两人酒罢，走到窗前，见风住了，雪停了，街上顿时人声鼎沸起来，噼噼啪啪的鞭炮声此起彼伏，带着浓烈的火药味的空气，悄悄飘进杨立生家里。萧楚女望了望窗外，意味深长地说："冬天已经来到了，春天还会远吗？"杨立生久久地看着这位年轻的后生，回味着他的这番话。这次谈话显然让杨立生受到了更大的触动和教育，他们开始由陌生变得熟悉，由误解变得认同对方。自这以后，他们经常往来，杨立生感到，自己每次和这个胸怀大志的年轻人接触，都会获得新的信息和启示，这像一股无声的力量，在杨立生心中升腾，杨立生觉得他那颗被厚厚的积雪掩埋了许久的心灵，正在慢慢复苏，去迎接新一年的春风。

　　然而，由于萧楚女不断地组织学生运动，撰写揭露社会黑暗的文章，使得军阀张联升忍无可忍，要以"过激党、阴谋造反"的罪名逮捕萧楚女。这个消息传到杨立生的耳朵里，他赶紧将消息透露给了萧楚女，并资助他迅速离开襄阳，使得张联升秘密逮捕萧楚女的阴谋没有得逞。全国的革命形势，也是急转直下，然而，熟睡的人民已经醒来，军阀们越是压制，越会迎来更猛烈的暴风雨。

　　萧楚女走后，杨立生一直与萧楚女保持通信联系。得知恽代英、萧楚女他们的进步团体十分缺少资金后，他托萧楚女带20元大洋给上海的恽代英，资助他办《中国青年》杂志。1925年5月26日，恽代英亲笔写信给杨立生，感谢他的支援，并希望他能够在民众中多做工作，使更多的民众能够快速觉醒，团结起来，共赴救国救民之路。信中说："先生若能继此以往，多研究此等关系，且常以昭示商学界比较进步之人，使大家不但知起而干涉国事，且能为合当步骤地干涉国事，则必于中国之将来大有影响也！"

　　杨立生在萧楚女和恽代英的帮助下，从一个安于现状的旧书生，转变成了一位积极投身社会变革、支持革命事业的爱国者。

5

　　自1921年9月，由于新校长不满萧楚女在校内外进行革命宣传活动，解聘萧楚女后，萧楚女的生活又一次陷入了颠沛流离的境地。然而，再艰难的环境也不能阻止他革命的决心。1921年秋，萧楚女到安徽省宣城第四师范学校任教，与恽代英一起开展青年运动，提出了"到民间去"和"改革社会"的口号。

　　1922年5月，萧楚女因发动各界群众参加五一国际劳动节纪念活动，遭到反动学监唐石亭告密，被迫离开宣城。

　　1922年夏天，由恽代英介绍，萧楚女终于如愿加入了中国共产党，真正开始了自己为劳苦大众，为救国救民，为改变旧制度、建立新国家努力的探索。同年，已经成为共产党党员的萧楚女，受党的派遣到四川重庆开展工作。

四川的政局，此时正经历着一场大的动乱，军阀纷争，杨森被另一派军阀但懋辛、刘成勋等赶出了四川。刘成勋等站稳脚跟后，对蜀地教育界进行了一次大清洗，全省一次就撤掉了中等以上学校校长30多人，并关闭了一些学校。如：成都第一中学被解散，泸州川南师范学校校长恽代英被拘留，重庆联合中学校长熊禹冶被解职。刘成勋的铁血政策，倒行逆施的行为，引来了重庆各地的学潮运动。刘成勋对此种情形，一直采取强硬的高压政策，用武力压制学生心中的怒火，大批进步学生被开除，辞退信仰马克思列宁主义、提倡社会革命的教职员工，许多师生见此情景，思想不能自由，纷纷主动辞职、退学。离校的大多是在当地小有声望的老师和品学兼优的进步学生，学生们散居于旅馆、民间，生活毫无着落，为求得思想自由之学堂，四处奔走。

萧楚女为了培养、教育这一批青年，与同样被革职、郁郁寡欢的熊禹冶、陈愚生、王衍康等人商议，邀集思想进步的饱学之士，创办"重庆公学"。他们的这一决定，受到了失学青年的热烈欢迎，纷纷报名入学，开学不满一个月，学生人数便达到了一百五六十人。重庆公学的开办和招生的消息很快传到反动当局耳朵里，他们大为恼火，又十分恐惧，扬言绝不能任由这些人胡闹，绝不能让这学校办起来。

反动派极度仇视这所学校，究其原因，不外乎两点，第一，学校里的师生大多是在学潮中坚持与他们斗争而被开除的，是他们的眼中钉、肉中刺；第二，学校反帝反封建旗帜鲜明。学校的对外宣言明确指出："目前所有学校，官办者束于旧章，公立者绌于财力，外人所设又复偏在宗教。一般课程大致浅率，上下学级，互不衔接。""我们中学部之学科则注重科学。"这些，不能不触动反动派神经。东川道尹徐孝刚暴跳如雷地说："学校若公开申请立案，则将多方批驳；不许立案，则开学之日立即封闭。"

面对这样恶劣的外部环境，重庆公学是办，还是不办？萧楚女也拿不定主意，他找来其他几位老师商量，大家都感到问题的棘手。在一次教务大会上，一位曾留学英国的宋老师思索一阵说："当局惧怕洋人，如果我们学校挂外国的旗帜，他们一定不敢进来找麻烦。"有的附和道："是啊，是啊，这也是没有办法的办法了。"有的却反驳道："不妥，我们是堂堂正正的中国人，学校里连半个洋人的影子也没有，为什么要借着洋人的大旗在这里狐假虎威，以后传出去，也是惹人笑话。我们可否请一强有力的军人当名誉董事，以求保全。"一位在旁边坐着唉声叹气的教员说："不管哪种办法，只要能够保全学校，俗话说委曲求全，暂时委屈一下也不是不可以吧！"一时间众说纷纭，根本不可能找到一个令大家都满意的办法。

萧楚女一直没有发言，一来是想多听听大家的意见，二来他想提出一个权宜之策，来说服大家。他向上扶了扶眼镜，情绪激动地站了起来说："大家讲的意见，可谓用心良苦，都是为了保全学校着想。但我觉得都有欠妥之处。挂外国国旗，不只是会惹人笑话，洋人若是知道了，必然会进校插手，这就等于引狼入室，我们的公学必然会被洋人接手，改头换面，成为教会学校。求如今的军人庇护，这办法可万万使不得，如果那样，学校不仅将成为他们捞取政治资本的工具，也将失去其独立的权力、安定的根基。当前政局变化莫测，军阀之间的纷争已经到了白热化阶段，如果我们的公学也卷入到这个旋涡里，就要随着政治的改变而东倒或者西歪，政客和军人向来都是视教育人士为柴犬，政局只要稍有变动，学校便会遭受灭顶之灾。"

萧楚女这一番话说下来，大家个个都用力地点头，觉得他分析得入情入理。东亚体育学校毕业的体育教员陈景福，语意坚决地说："那你看该怎么办？"萧楚女原本抵着桌子的手抬到半空中重重地一挥，语意坚决地说："兵来将挡，水来土掩！"留日的法制经济教员唐廷耀说："愿听高见！"萧楚女继续说："现在他们并没有正式通知我们不许办学，那么我们也装作不知道，不去理会他们，先悄悄开学。""好，如今看来，这个意见使得。"有几个老师笑着说。唐廷耀还是有些不放心，问："要是我们一开学，他们就过来干预呢？"萧楚女说："那我们也不怕，水路不通走旱路，平路不通走山路。到时候根据情况再想对策。我们不能办那种别人未动，先捆住自己手脚的事情，好像我们真做错了什么，做贼心虚一样。"萧楚女的话着实为大家鼓舞了士气，壮了胆，一所全新的公学就要开学了。

开学那天，师生们情绪高涨，开学的日子是民国十一年11月11日，竟凑齐了三个"十一"，因为三个"十一"拼起来，恰好是一个"世"字，所以大家兴高采烈地将这个"世"字作为学校的校徽，表示要继承中华民族的伟大精神。学校教员大半不取薪金，师生生活十分艰苦，学生的饭菜也十分清淡，除去每周六可以吃上肉外，其他时间都是素食。学校宿舍条件不好，可以说是环堵萧然，上课也没有一间大教室；下课了，学校又没有操场。但大家却十分喜欢这所用自己的双手打造出来的进步学校，以苦为乐，老师们认真上课，学生们专心学习，学校呈现出一派生机盎然的景象。但好景不长，不断有人听说政府就要来查封这所学校，而且是要派出士兵来帮助封校，弄得学校内人心惶惶。

12月16日这天，也就是开学后的一个月零五天，重庆军事警察厅厅长突然电讯要召见重庆公学的校长，说是东川道尹徐孝刚电告四川总司令，总司令再电告他们，命令公学自行解散，不然将会出兵驱赶。消息一出，群情激愤。学校里不少进步学生表示，要誓死保卫学校，摩拳擦掌要与军警决斗。萧楚女感到无论如何，都要对这些青年学生的人身安全负责，俗话说："留得青山在，不怕没柴烧。"便教育大家不要作不必要的牺牲。他说："我们作为手无寸铁的学生和老师，我们应当做的不是身体上的接触，而是以理服人，据理力争。在当前，他们握着刀把子兵多势众的情况下，我们就更不能力斗，力斗吃亏的只能是我们自己，我们不能用革命斗士的鲜血去空染他们的屠刀。同学们先不要冲动，冲动是要犯错误的，大家再等一等，我们几个教员好好商议商议，看能否找出一个万全之策，保全学校。"

萧楚女找到熊禹冶、陈愚生等商议，他们一个个虽都群情激愤，但也感到束手无策。萧楚女说："既然大家都没有什么法子，我们不如干脆公开立案。"陈愚生摇摇头说："没有用！徐孝刚在电讯里说得很明白，如果我们去立案，他将多方批驳。再说这法院就真是那么公平公正之处吗？"萧楚女坚持道："他驳回，可以更加充分暴露他摧残教育、摧残青年的丑恶嘴脸。他买通法官，更是罪加一等，我们可以赢得社会舆论的同情和支持，可以促使更多人醒悟。"熊禹冶赞同地说："对！要让更多的人，更彻底地认识到他们丑恶的一面。"19日，萧楚女亲自动手，一方面写呈文正式向政府立案，一方面代表学校以公函形式，向四川最高统治者、军阀但懋辛进行说理斗争。但是，单凭几个普通教员能有多大的力量，这一切斗争很快宣告无效。视公学如洪水猛兽的军阀们，绝不给有志于学的热血青年半点儿出路。29日，勒令解散公学的正式文件就送达了校长办公室，在当地军警的敦促下，学校不得不于1923年1月10日宣布停办。新生的革命学校重庆公学被末世军阀们活活地扼杀在摇篮里。

在学校宣布停办的最后时刻，萧楚女一面向全体师生报告自学校开学以来的经费开支，进行财务结算；一面将反动当局所颁发的公文，当作教材向大家宣读和剖析，尽情地揭露他们的罪行和阴谋，号召有志于救国救民的青年学生们，到工农群众中去，到实际中去，为工人、农民讲授马克思主义新思想，使得更多的基层群众早日觉醒，在祖国的大西南开展反对军阀的革命斗争。之后《新蜀报》《少年中国》等报刊，相继揭露了重庆公学被扼杀的情况，引起了社会舆论的广泛关注和同情，社会上谴责但懋辛等军阀摧残教育、摧残人类信仰自由的呼声一浪高过一浪。

6

"卖报！卖报！请买《新蜀报》！今日头条，痛斥'吃屎教'的新闻！"在烟雨朦胧的重庆街头，衣衫褴褛的报童，在人流如织的大街上，用力地叫卖着今天的报纸。这个孩童找准了大头条，人们一听说有痛斥"吃屎教"的文章，都争相购买，不一会儿，孩子手里的《新蜀报》就被抢购一空。

　　《新蜀报》1921年2月1日创刊于重庆,由少年中国学会发起人之一的陈愚生担任首任社长,以"输入新文化,交流新知识"为办报宗旨。

　　1923年6月,萧楚女受聘该报担任主笔后,把它来了一番彻底改造,使其具有了鲜明的反帝反封建色彩,成为当时重庆传播马克思主义的主要阵地之一。版面上的"社会黑幕"专栏尤其受读者欢迎。这个专栏专门揭露社会上一些见不得人的丑事,很有战斗性。它向人们展示当下社会的黑暗本质和当权者的阴谋,鞭挞帝国主义分子,反动军阀、政客及一切社会上见不得人的罪恶行径,从而使人们受到启发和教育,深得人心。

　　"统一六教"是四川夹江秀才唐焕章组织的一个反动的封建迷信团体。他妖言惑众,标榜自己是"六教之主",宣称世界发生战争,全为争食而起,于是"特奉上帝亲旨,传人以不食之法"。这种不食之法就是传道的"教导使"让"受功者"吃泻药,大泻之后,每天只吃糯米或糍粑,排泄之后,"教导使"取来做成"草还丹",吃了这种灵丹妙药,即可免除饥饿,延年益寿,所以,老百姓管它叫"吃屎教"。如此荒谬的邪门宗教,在当时的四川竟迅速拥有了一万多教徒,连北京、上海、南京、山东等地也有流传。唐焕章窜到重庆后,还在南岸设坛传教,造谣说当年中秋也就是农历八月十五日要天崩地裂,之后五天五夜日月无光,天下万国一律成为黑暗世界,所有人类要死去约三分之一……要免遭此劫难,除非信本教。耸人听闻的"预言"使重庆更加动荡不安。《民苏报》也公然大肆宣传"吃屎教",一时间,弄得人心惶惶,市民竞相争购"锅盔(即烙饼)"以避灾难。对此,反动当局不仅不辟谣,不制止,反而推波助澜。不法商人则趁机垄断粮食,抬高粮食价格以牟取暴利,搞投机倒把,大赚其钱,造成了社会秩序的极度混乱;地痞流氓也趁火打劫,到处奸淫掳掠。"利用报纸打击'吃屎教'不仅应该而且可能",萧楚女便与《新蜀报》同仁商议,并决定开辟"社会黑幕"专栏,宣传科学知识,系统揭露和批判荒诞不经的"吃屎教"。

　　《新蜀报》揭批"吃屎教"的言论逐渐产生了一些影响。不料,

9月中旬一个特大消息传到重庆：日本东京和横滨在9月1日发生了空前的大地震并引发海啸。"吃屎教"顿时十分嚣张，称他们的预言应验了，有的暴徒叫嚣要捣毁《新蜀报》，刺杀编辑。然而，萧楚女与报社同仁不为所动，中秋节当天，各报都停刊放假，但《新蜀报》印发一份特刊《请看"吃屎教"所说的今天》，文章向读者宣告：今天是什么日子？亲爱的读者，今天是中秋佳节。"吃屎教"预言这一天将大难临头，但是读者们清晨起来，照样看见红日朗朗，长江和嘉陵江照样奔流，涂山照样稳稳当当地立在江边上。今天，这个活生生的事实，就驳倒了"吃屎教"的狗屁预言……

作为一名有志于为国之进步为民之自由奋斗终生的共产党员，看到这种局面，萧楚女一面哀叹由于军阀政府对教育的摧残，使四川文化科学落后到惊人程度，一面对妖道和反动当局耍这种无耻的鬼把戏而愤怒。于是，他连夜撰写文章在《新蜀报》上，怒斥唐焕章，抨击反动当局姑息纵容坏人的罪行。萧楚女的文章如一把把锋利的匕首刺向敌人的心脏，像一道道阳光驱散了山城的迷雾。许多人爱看《新蜀报》，因为《新蜀报》清醒了过来，纷纷声讨"吃屎教"扰乱社会秩序、愚弄人民的行为。

当然，萧楚女犀利的笔锋，迎来的不仅是人们的好评，对于那些"吃屎教"的忠实教徒、唐焕章的走狗来说，真是灭顶的灾难。一天黄昏，几个披着紫色道袍的妖道，公然来到《新蜀报》门口讲道。他们设神案，点上香烛，焚烧纸钱，在若明若暗的烛光和缭绕的烟雾中，一人登上神案，口中含含糊糊地念着诅咒《新蜀报》的词句，谎称他们"布道是为了拯救一方黎民百姓"。他们自称是"天上真人下凡，谁反对谁就要遭天谴"。"《新蜀报》倒行逆施，反抗天庭，违背天旨，侮辱神教，必将遭受报应。"跟萧楚女一起办报的陈愚生看到妖道如此猖獗，怒火中烧，说："是可忍，孰不可忍！楚女，是不是找几个人把他们赶走？"

萧楚女走到窗口，见妖道周围站满了黑压压的一大群受愚弄、来虚张声势的教徒，转身对陈愚生说："不行，你看受愚弄者人数众多，我们却只有几个人，弄不好，必遭围攻。"同事小张不服气地噘着嘴说："那就眼睁睁地看着他们蛊惑人心，谩骂我们吗？"陈愚生在一旁也是气鼓鼓的，满面通红，不住地跺脚诅咒："无耻！一群无耻恶徒！邪门歪道竟然公开在真理面前示威，这是我中华民族的大不幸啊，这是我们炎黄子孙的耻辱啊！"萧楚女见他们两人都急火攻心，说："大家先不要着急，我们得想个妥当的办法，当众灭灭他们的威风。"三人旋即陷入沉思，都在想着对策。"快说，啥办法？"小张急得一把拉住萧楚女的手说。萧楚女不紧不慢地说："小张，你去茅房舀一盆大便来，粪越臭越好，盆子越漂亮越好！""这……"小张不解其意，愣愣地看着萧楚女。"啊！对，对，对！"陈愚生到底是跟萧楚女相识已久了，他一下子就明白了过来，高兴地双手一拍说："这叫什么，这就叫以彼之矛，攻彼之盾！"小张似乎也明白过来了，呵呵地在一旁乐着。萧楚女说："快去吧，你多找几个人，大家一起去，要见机行事，这屎盆子端到几个妖道面前，要这样说……"经过萧楚女一番言传身授，小张听罢，兴奋地跳了起来："我明白啦！你们就等着看好戏吧！"说完一溜烟不见人了。

浓雾笼罩住整个山城，空气中厚重的水汽，让人觉得一阵阵眩晕，站在神案上的妖道在缕缕香烟和浓雾的衬托下，好像处在虚无缥缈的幻境之中，大有飘飘欲仙之势。只见他半闭着双眼，双手合十，口里不住的嘟囔着："太乙太乙，天帝之臣，驾骄龙，差鬼神，布风雨，主灾星，管兵革，问饥馑……"妖道正说得来劲儿的时候，小张等几个人端着红白相间、色彩艳丽的盆子，低着头，兴奋地挤过人群，向香烟缭绕的神案台走去。妖道并没有觉察到他们，依旧念着："大还丹，草还丹，小儿吃了长命百岁，老人吃了延年益寿，妇女吃了通经活血……"小张他们捧着屎盆子，来到案前，大声喊道："道长在上，草还丹在此，请笑纳。"小张的喊声惊动了闭着眼一起修行的众人，一个个抬起头，瞠目结舌地看着妖道。妖道也缓缓睁开眼睛，看到这一幕，也不知如何应对，讶异地看着。小张继续说："此草还丹，按道长所念经文，如法炮制、请道长品尝赐教。"妖道见小张几个如此虔诚，便用手揭开面盆上的盖子，低头一瞧，全是大便，一股刺鼻的臭味熏得人头疼欲裂。妖道忍不住，又不好意思地皱了皱眉头，拿袖子将口鼻紧紧遮住。小张见妖道被吓得这副德行，紧追不放道："道长方才演讲，小民受益颇深，犹记道长言，庄子道在屎橛，此为仙丹妙药，请以身示范。""请以身示范！"跟在小张身后的几个报馆同仁一起喊道，说着便拿勺子舀粪往几个妖道嘴里塞。妖道们惊慌失措，站在神案上宣讲的道士，连滚带爬地下了天梯，台下的几个妖道早就逃得没影了。

小张趁此机会，当场为被愚弄的老百姓演讲，揭露妖道以人粪作药的罪行，众人听了，无不惊讶愤怒，捶胸顿足地诅咒"吃屎教"。

不出所料，虽然萧楚女他们打了一场漂亮的仗，但也惹怒了虚伪的教徒们。第二天一早，《新蜀报》就接到了几封赤裸裸的恐吓信，信上说，众信徒们觉得自己的信仰遭受到侮辱，要砸报馆，杀编辑，并且点名道姓地说，要主编萧楚女死于非命，横尸街头。"无赖，一群无赖！"萧楚女见到这些信，愤怒地丢在地上。这些天，报馆因为揭露"吃屎教"的罪恶本质，已经接到过太多这样暴力的恐吓信。但是，报馆并没有把这些无赖放在眼里，萧楚女更不会在乎什么人身安危，他觉得只要能唤醒更多的民众，头可断血可流，鞠躬尽瘁死而已。更何况，不论什么朝代，向来都是邪不压正，这些邪门歪道，早晚是要自取灭亡的。

经此一战，"吃屎教"的谣言不攻自破。成千上万被欺骗的百姓，纷纷走上街头，声讨他们的罪孽。妖道们被赶到街上，人群一路追打，只见那些妖道个个抱着头东躲西窜，十分狼狈。在《新蜀报》和群众的强烈要求下，反动当局迫于社会压力，不得不下令驱逐"吃屎教"教主唐焕章，这个毒害人民的邪教组织从此一蹶不振。在这场科学与邪教的斗争中，科学最终获得了胜利，萧楚女和他的《新蜀报》赢得了广大群众的信任和爱戴，销量大增。萧楚女为《新蜀报》撰写的大量文章，成为西南地区宣传马克思主义，传播新思想、新文化，揭露帝国主义和反动军阀罪恶的雷霆之声。

7

　　1924年，对于萧楚女来说，真是个多事之年。1月初，他便收到从家乡来的电报："母亲病重，盼速归！"萧楚女拖着疲惫的身躯，怀着沉重的心情，离开了革命运动风生水起的重庆，回到武汉老家。然而，当他赶到家时，出现在他眼前的，却是骨瘦如柴的母亲。母亲的病拖得太久，身体已非常虚弱。他和几个妹妹将母亲送到县城一家不错的医院救治，却得知母亲因过度操劳，早就患上了痨病——肺结核。当时中国的医术是远远达不到救治条件的，不久，母亲肺痨发作，根本无法喘息，很快便去世了。

　　母亲逝世后，萧楚女离开家乡，再一次来到了他奋斗过的地方——湖北襄阳，在襄阳二师任教，并且成为中国社会主义青年团中央委员。

　　1924年初，国共两党实现合作，团中央调萧楚女到上海工作。于是，他在襄阳短暂停留后，于5月前往上海，途经吴江、松江和江阴等地时，调查了该地区的青年团和国民党活动情况，并将调查的结果和建议报告了团中央。到达上海后，他协助恽代英编辑《中国青年》杂志，并为《向导》《学生杂志》等报刊撰写了大量文章。他还在《中国青年》杂志发表了一系列文章，出版了《显微镜下之醒狮派》等专著，批驳国家主义派和戴季陶主义宣扬的阶级调和及阶级斗争熄灭论，捍卫马克思主义。

　　1924年9月1日，社会主义青年团中央委任萧楚女为特派员，负责领导和整顿成都、泸州、重庆三地的青年团组织，并以重庆团组织为重点。1925年，萧楚女在四川的活动"四川青年团组织的整顿和共产党组织的整顿"都取得了不少成绩，使反动军阀、官僚深为痛恨，成为缉捕要犯，萧楚女便将自己所负责的工作移交给杨闇公，并于1925年5月，离开重庆，乘船去上海。

　　1925年，上海的初冬，寒气袭人，灰色的天空死气沉沉地压向生活在这里的人们，仿佛就要落下一场大雪，愤怒的西北风呼啸着，浑浊的黄浦江波涛汹涌，枯黄的梧桐叶被吹得满大街翻飞。在法租界环龙路一栋房子的二楼，萧楚女愤怒地把一本刚刚出版的《向导》杂志，"咚"的一声丢到恽代英的桌子上，用气得发抖的声音说："简直是自己拆自己的台！"

恽代英推开手头正在修改准备发排的《中国青年》上的稿件，用手扶了扶白色的无边眼镜，困惑地瞅了瞅萧楚女气得发紫的脸，估计又发生了什么意想不到的事情。在这样四面受敌的恶劣环境里战斗，随时都要提防意外啊！恽代英拿起《向导》一看，不觉大吃一惊。上面登载了一篇陈独秀以中共中央执委会的名义发的声明：萧楚女所著的《国民革命与中国共产党》一文，纯属萧楚女个人意见，所有言论，本党概不负责，特此郑重声明。恽代英看罢，半晌没有作声。但是他的手在哆嗦，紧绷着的脸异常难看，眼里闪露着忧郁、焦虑和愤怒的目光。

萧楚女在一旁沉重地踱步，不安地来回走着，突然情绪激动地说："我真不明白，我们正在全力反击戴季陶猖狂进攻的时候，作为共产党的总书记，不但不支持，反而来这么一篇声明，这不是长敌人的志气，灭自己的威风吗？难道戴季陶主义不应该批评吗？共产党人不支持阶级斗争的学说，那支持什么？""共产党人不坚持阶级斗争学说还算是共产党吗？陈独秀的这份声明显然是违背了党的宗旨。"恽代英说着，也陷入了深深的沉思。

戴季陶认为，三民主义就是"民生哲学"，"民生为宇宙大德之表现。仁爱即民生哲学之基础"；断言孙中山的思想"完全是中国的正统思想，就是继承尧舜以至孔孟而中绝的仁义道德的思想"。认为孔子"把古代文化，用科学的方法从理论上整理起来，成为一种学术的文化"，孔子"组织了一个民生的哲学"，这个哲学可以从两部分来看，"一部是《中庸》，是他的原理论；一部是《大学》，是他的方法论"，孔子思想也可称作"社会连带责任主义"。进而提出，孙中山"实在是孔子之后中国道德文化上继往开来的大圣"。戴季陶从与孙中山"互助论"相矛盾的社会达尔文主义的"生存竞争"论出发，认为人类生存的欲望"都有独占性和排他性，同时也具有统一性和支配性"。

戴季陶主义反对马克思列宁主义关于阶级和阶级斗争学说，宣扬阶级调和和阶级斗争熄灭论。他否认中国存在着阶级对立，说什么在中国"革命与反革命势力的对立，是觉悟与不觉悟者的对立"。中国根本不需要采取阶级对立的形式，不需要发动工农进行革命，只要"诱发资本家的仁爱性能"，就能为工农谋福利。戴季陶主义出笼之后，国民党右派一片欢呼，他们庆幸这个反动策士为他们制造了反共的理论基础，制造了一颗投向共产党的重磅炸弹。他们又是在报刊上发文章，又是出书，到处吹嘘，把戴季陶捧成了孙中山先生的继承人。在一片甚嚣尘上的吹捧声中，首先起来反击的是萧楚女，他于1925年10月发表了《国民革命与中国共产党》一文，把戴季陶主义驳斥得淋漓尽致。那驳斥是何等的痛快、深刻、有力啊！萧楚女还列举大量事实说明中国存在着阶级和阶级斗争，指出阶级斗争是历史发展的必然的事实。萧楚女揭露了戴季陶妄图用超阶级的"仁爱"来欺骗和麻痹工农，指出了爱的阶级性，被压迫被掠夺阶级决不会爱自己的敌人——帝国主义、军阀、买办。萧楚女一针见血地揭露了戴季陶的阴谋，那就是要解除工农的思想武装，放弃斗争，放弃革命，任统治阶级宰割。

一阵刺骨的寒风硬生生地扑向室内，把窗户刮得吱呀作响，打断了恽代英的沉思，也打断了萧楚女激昂的话语。显然，这冷风根本无法吹熄他们心中的怒火，萧楚女仍气愤地说："要是敌人排挤我们的言论，我马上写文章驳斥他们，针锋相对，毫不客气。可惜现在是我们自己的总书记，一位右倾的总书记，真是叫人哭笑不得！""这可是阶级投降！"恽代英从座位上站起来，眼睛里布满了愤怒的血丝。恽代英接着说："这声明不仅是对你，也是对我，更是对瞿秋白，对毛泽东，对一切坚持马克思主义阶级斗争学说的同志们。"恽代英这样说也不是没有道理，戴季陶主义问世后，恽代英、瞿秋白、毛泽东等都相继写文章进行揭露和批驳，当前这场论战正在热火朝天地进行着。大家都看出了戴季陶伪善的一面，所以决不能就此罢手。在一旁沉默的萧楚女说："陈独秀是怕得罪了国民党右派，怕搞不成国共合作了。""这就是问题的关键所在！"恽代英坚定地说："我们搞国共合作是为了推进中国革命，决不是放弃自己的主张一味地姑息迁就，如果这合作是建立在放弃我们的追求和理念，放弃马克思主义阶级斗争之上，就不叫什么合作了，那就是投降，自甘堕落了。""代英，你说这事儿该怎么办？"萧楚女想听听他的意见。

恽代英并没有立刻回答这问题，而是沉思了一会儿，紧张地思考着。他走到窗口，看着冬天的上海，这天空如今倒正是和这房间里的气氛，和他们两人的心情十分契合。他转过身来，说："这个声明必然为你，为我们，为所有坚持阶级斗争的战士带来了不小的困难，但是如果现在我们立马驳斥，恐怕就有些不妥了。""我也是这么想。毕竟陈独秀是我们的总书记，这样公开对抗，而且他又是以中央执行委员会的名义发的，一个党员驳斥中央的声明，把矛盾公开化，会给敌人可乘之机，也会给不明真相的人带来误解，我想太冒险了。"萧楚女皱着眉头说。恽代英也很赞同地点头说："是的，我们还是应从革命的大局来考虑。国民党12月份要在广州召开中央第四次会议，准备对右派集团——西山会议派进行批判，你我都要去广州协助工作。在此之前，我们不能给人造成共产党内分裂严重的印象，要集中精力给西山会议派以致命打击。"道理萧楚女自然是十分明白，但想到中央的声明，还是觉得非常压抑。

恽代英似乎看出他的心思，安慰道："你不是常说吗？我们的斗争要能屈能伸，进是为了打击敌人，退是为了将来更好地进，如果暂时的忍辱负重，能给革命带来更大的胜利，那我们现在退一步，也是值得的。"萧楚女只能默默地点了点头，但是显然这气未消，过了一会儿，又说："但是，真理我们是无论如何要坚持的，无论如何不能放弃，不能迷失方向。人都说为了理想去忙碌，但我们绝不能在忙碌中忘记了理想。"萧楚女大步地来回在屋子里走动，似乎觉得还有什么事情不妥，突然，他激动地说："我们也不能销声匿迹，我们可以不自相残杀，但是我绝不会放弃继续揭露和批判戴季陶主义，如果我们退缩了，那岂不是让敌人猖狂起来。""好，那声明我们暂时放一边不理，但是批判戴季陶主义的文章我们继续刊发。"恽代英说。"好，我今晚就动笔写好稿子。""还是你写，我来发，就发在最近一期的《中国青年》上。"

恽代英是萧楚女的挚友，也是他接触马克思主义、接触阶级斗争思想的引导者，他们并肩作战，在斗争的原则性和策略的灵活性上，总能迅速达成一致。

这天夜里，萧楚女怀着愤愤不平的心情和对戴季陶主义更深刻的认识，精神抖擞地挥笔讨伐，连续撰写了《帝国主义与人口问题》《介绍正统派与戴季陶看》等文章，陆续发表在《中国青年》杂志上，给了气焰嚣张的戴季陶主义及其拥护者以沉重打击，表现了共产党人坚决进行阶级斗争，坚毅顽强、不屈不挠的革命决心。

五、春蚕到死丝方尽，蜡炬成灰泪始干

1

中国国民党第二次全国代表大会于1926年1月1日至20日在广州举行。这次会议是在孙中山去世之后举行的，汪精卫、蒋介石、李大钊、毛泽东、张国焘均出席了这次会议，陈独秀留在上海没有参加，苏联顾问鲍罗廷对会议影响重大。

国民党二大坚持了反帝反军阀的政治方向，决定继续贯彻孙中山"联俄、联共、扶助农工"的三大政策，打击了右派，对革命事业的发展起了积极推动作用。到会代表256人，国民党左派和共产党员占优势。但在这次会议上，一些右派人物仍被选进中央执行委员会和监察委员会。

大会宣言指出：中国之生路，"对外当打倒帝国主义"，"对内当打倒一切帝国主义之工具，首为军阀，次则官僚买办阶级土豪"。关于达到后者的"必要手段"，"一曰造成人民的军队，二曰造成廉洁的政府，三曰提倡保护国内新兴工业，四曰保障农工团体，扶助其发展"。大会对戴季陶发出了"促其猛醒，不可再误"的警告。大会选出中央执行委员36人，其中中共党员7人；中共党员谭平山、林伯渠继续担任中央组织部长和农民部长，毛泽东为中央宣传部代理部长。

会后，毛泽东为了加强宣传工作的力量，把萧楚女等一批优秀的共产党员和党的骨干，调到宣传部工作。毛泽东诙谐地对萧楚女说："把你这支大笔调来，可是要写大文章的啰！"萧楚女不解其意地看着毛泽东，毛泽东点上一支烟，用力吸了几口，表情显得特别兴奋，说："调你来，是想请你编《政治周报》的。"萧楚女听到"《政治周报》"，才突然明白过来，感到这个工作的重要性。

1925年10月国共合作时期，毛泽东在广州担任国民党中央宣传部代理部长，主编《政治周报》。萧楚女觉得像《政治周报》这样一份宣传革命、影响极大的报刊，叫自己来参与编辑是党的信任，便说："我还要多跟大家学习才是。"毛泽东看萧楚女一脸谦虚的表情，哈哈大笑着说："大家？没有谁了，就是你跟我两个人，主要是你编，我还得向你学习呢。""向我？"萧楚女的表情变得有些惶惑不安。毛泽东轻轻地拍了拍他的肩膀说："是啊！不用怀疑了，你编过《中国青年》《新蜀报》，有经验得很。你知道吗，人家都称你的文章是'字挟风雷，声成金石'，用句俗语来夸你的文章，那真是窗户里吹喇叭，早已名声在外了。"萧楚女被说得很是不好意思。毛泽东先伸出手说："好，一言为定，这《政治周报》就归我们两人办了。"萧楚女眼睛里冒着兴奋和激动的光，两个志同道合的青年将手紧紧握在了一起。

1926年后，《政治周报》便在毛泽东和萧楚女的合作下开始出刊。毛泽东担任主编，萧楚女担任助理，每期内容在商定之后，由萧楚女编出初稿，送毛泽东审定并付印。1926年2月，国民党中央农民部发出通知，宣布建立全国农民运动委员会，毛泽东、萧楚女、林伯渠等担任农民运动委员会委员，并通过建议，扩充广州农民运动讲习所，对全国各地招收学员。从第六届讲习所起，由毛泽东担任讲习所所长一职，这时，毛泽东又把萧楚女请了过去，任教务长。"楚女，你看，我们两个也算是棒打不散啰。这回又是独缺一职，这职位就是为你留的。"说着两个人开怀大笑起来。讲习所的兼职老师很多，有许多著名的共产党人，如周恩来、瞿秋白、恽代英、彭湃、邓中夏、张太雷、林伯渠、阮啸仙等，但是只有一名专职教员，他就是萧楚女。

　　作为专职教员，萧楚女身上的担子自然是比其他老师多了一些，他一人教"帝国主义""中国民族革命运动史""社会问题和社会主义"三门课，这三门课均没有现成的讲义，都是边编写边教。他在教学的过程中，又夜以继日地编写出《帝国主义讲授大纲》《中国民族革命运动史讲授大纲》《社会主义概要讲授大纲》等三本教材。有时，别的兼职教员因事缺席，也由他来代课。例如，原定由瞿秋白讲《各国革命史》和《中国革命史》两门课。第一课讲完后，瞿秋白因故离开广州，第二节课就由萧楚女代为讲解。由于夜以继日地工作，过度操劳，萧楚女的健康状况越来越坏，身体也越来越消瘦，终于得了严重的肺病。病魔一直折磨着他，他越是想塌下心来工作，病越是肆无忌惮地纠缠住他，常常咳嗽不止，咳血，浑身瘫软。同学们见萧老师一脸病容、神情憔悴，都劝他要多休息，他却不听，坚持说："不要紧，莫看我有点儿病，我这支蜡烛可经熬呢！"

　　一次，刚下课，萧楚女已难受得满头是汗，踉踉跄跄地走出教室，毛泽东正好迎面而来，赶忙上前搀扶住他，责怪道："楚女，你都病成这个样子了，也不吭一声，还在这儿上课？就是铁打的，也是要出问题的。"萧楚女突然用力地挺起胸脯，装着健康的、壮硕的样子，说："没什么病，只是普通的伤风感冒，过几天就好了。""你呀！"毛泽东把手伸进萧楚女的大衣口袋，掏出了他的手帕，说："这是什么？我在教室外面全都看见了。学生们看不见，我可是看得很清楚。"手帕在毛泽东的手掌里慢慢展开，洁白的手帕上面印着一块块带血的痰迹。萧楚女这下也没有什么可辩解的了，这下子自己的病情是被毛泽东知道得一清二楚了，便轻声说："我好像还挺得住。"毛泽东坚决地说："等你挺不住了，就晚啰。不行，得跟我上医院。现在就走。""这……""别再这啊、那啊的了，这回你听我的，身体是第一位的，别的都别想了。"毛泽东亲自把他送到了广州东山医院，并嘱咐他一定要安心养病，要积极配合医生的治疗。萧楚女只好点头答应。

东山医院条件不错，病房宽敞、整洁、明亮，窗外不时吹来潮湿的海风，在这里萧楚女每晚听着松风和涛声，闻着窗外月季花和凤仙花的芳香；医生们对他也十分尊重，治疗既精心又及时。白天，和蔼可亲的白衣护士们在病房里忙前忙后，为他送药添水，弄得萧楚女觉得受宠若惊，有时，也觉得不好意思。条件虽然好，但萧楚女一刻也没有安下心来，虽然，表面上他一直十分积极地配合医生的治疗，但实际上他却总希望这病能早日康复。他惦念着自己为之奋斗的事业，惦念着农讲所的那些来自全国20多个省区的300多名学员，还有要为省港罢工委员会的工人们演讲；还有，要到广东大学讲19世纪的思想史……萧楚女的表情变得有些失落，他看着自己，觉得自己现在像个废人，什么也不能做，反而让那么多可爱的护士伺候着自己，而自己只是靠在被褥上，望着窗外湛蓝色的天空，心神不宁。外面的革命事业正进行得如火如荼，自己又怎么能心安理得地置身事外？如今党正急需优秀的干部、优秀的党员、优秀的帮手，自己怎么能撇下工作不管？想到这里，萧楚女又忍着疼痛，提笔编写起讲义来。护士们看见了，都劝他多加休息才是，但是他哪里肯听，一写就写到深夜。一个主要负责照料萧楚女的护士，不得已给毛泽东打电话说明了情况。

一天傍晚，毛泽东和恽代英冒着蒙蒙细雨来医院看萧楚女，一走进他的病房，两个人都大吃一惊，他的病床根本就已经成了书桌，摆满了书报杂志、稿纸、笔记本。他正伏在案头奋笔疾书，根本没听见有人进来。毛泽东走近仔细一看，原来他在笔答学员们送来的问题，不觉心头一热，非常感动。多么好的同志啊，自己都已经病成这样，还在孜孜不倦地为革命工作。写罢一篇回答，萧楚女抬起头，见毛泽东和恽代英已经站在自己跟前了，才不好意思地说："闲着也是闲着，随便写写而已。"毛泽东语重心长地说："你这可不是同志们所期望看到的啊，大家都指望着你能静心养病，快点儿康复，你却拉开阵势，写起东西来了，把人家的病房弄成办公室了。要说是寂寂寥寥扬子居，年年岁岁一床书，可你这心也没有静下来啊。"恽代英在一旁帮萧楚女收拾床上的稿纸、书报说："俗话说，小病不治，大病难医啊。革命也不是一两天就能成功的，所以也不在这一朝一夕，路还长着哩，没有一个好身体，怎么能看到革命胜利的日子呢？"恽代英与萧楚女共事多年，对萧楚女的性格十分了解，也就没再说什么。萧楚女却说："可是学员们提了很多问题，我要是没有给他们解答，我这心里实在放不下。""有什么放心不下，既来之，则安之，先好好养病吧。病好了，还有很多更重要的事情等着你去做呢。"毛泽东说着，把学员们的提问纸拿了过去，说："这些问题就由我代你回答吧，你看怎么样？这下你该安心了吧。"萧楚女感激地望着毛泽东笑了。

从萧楚女的病房里出来，走出医院，天已经黑了，雨停了，马路上湿漉漉的，路两旁的霓虹灯刚刚点燃，放着神采奕奕的光，恽代英说："我和萧楚女认识这么多年了，他一直就这脾气，怎么也改不了，一谈到革命，一谈到工作，就不要命了。"毛泽东听到这话，也感叹地说："唐代诗人李商隐不是有这么两句诗：春蚕到死丝方尽，蜡炬成灰泪始干。萧楚女正具有这种革命到底的春蚕和蜡炬一般的精神，真是难能可贵啊！"

2

1926年，萧楚女应邀到黄埔军校演讲，来听讲的人特别多，校方临时决定将会场改在大操场。由于当时没有扩音设备，萧楚女几乎是边喊边讲了。"再大点儿声！"后面的学生仍在大喊。萧楚女略停了片刻，吸口气，运足了劲，把声音提到最大限度……突然，"嘣"的一声，他只觉腰间陡然一松，裤带崩断了，忙按住了裤子。台下的人都聚精会神地盯着，丝毫没有察觉到他的窘迫。萧楚女就这样一手叉腰，一手挥臂，讲了整整90分钟。事后，他对朋友说："此为平生第一窘事。"此后，他再也不用腰带，而改用保险系数更大的背带了。

1926年年底，萧楚女的病情稍有好转，农讲所第六期学员结业后，经毛泽东推荐，他被调到黄埔军校担任国民党特别党部宣传委员会政治顾问和政治教官。此时，国民革命蓬勃发展，北伐军已经占领了大半个中国，形势一片大好，似乎胜利就在前方了。但是当革命党人在联合剿灭军阀的时候，在革命党内部蓄谋已久的蒋介石，却趁机收编了大量的军阀部队，扩大自己的反革命武装力量，在帝国主义和买办资产阶级的支持下，在革命者身后，举起了屠刀。

1927年春，在蒋介石的指示下，反革命军队先后在江西的赣州、南昌、九江，安徽的安庆等地，制造反革命惨案，捣毁当地工会，无情地屠杀工农群众。在黄埔军校内部，他以校长的身份，一面假惺惺地指责孙文主义学会分子打击共产党，一面采取软硬兼施的手段，收买学生中的中国共产党党员和先进分子，收买不了的就蓄谋杀害。金佛庄同志是蒋介石的同乡，蒋介石千方百计地拉拢收买他，要他脱离共产党，反对共产党，金佛庄同志断然予以回绝，蒋介石气急败坏，趁金佛庄同志赶赴浙江做敌后工作的机会，串通军阀孙传芳，在金佛庄途经南京的时候，将其残忍杀害。共产党党员胡秉铎也因不答应蒋介石脱离共产党的条件，被秘密杀害。

面对这种形势，萧楚女等共产党人再也无法忍受，拍案而起，决定彻底揭露蒋介石的反革命嘴脸。"无耻的背叛！""必须揭露！"萧楚女找到黄埔军校政治部主任、共产党员熊雄和政治部宣传科长、特别支部书记杨其纲同志，怒斥蒋介石在北伐节节胜利的时候，屠杀共产党员和工农群众的罪行。熊雄主任听后，也是气不打一处来，忍无可忍地对萧楚女说："你的意见对，要揭露，我们要把蒋介石的反革命流氓嘴脸暴露在光天化日之下。"杨其纲同志在一旁也坚定地点着头，说："为了教育左派，团结中间派，必须对蒋介石这种行为予以强烈的反击，与其针锋相对，我们一步也不能退让。"萧楚女把拳头紧紧地一握，坚决地说："对，寸步不让！"

从这件事以后，人们常常看见萧楚女在大讲堂里举行报告会，慷慨激昂地发表演说，讲国共合作的重要性和必要性，怒斥蒋介石之流破坏国共合作，试图篡夺大革命果实的罪恶行径。有时，萧楚女甚至要深入学员寝室、饭厅，解答学员们提出的问题，揭露蒋介石妄图独享革命成果的阴谋。学员们看见，萧教官的房间总是灯火通明，彻夜不熄，他在为揭露蒋介石的反革命图谋忙碌着，奋笔疾书，撰写檄文。3月16日，萧楚女写了《帝国主义软化政策之面目》；17日，他又完成了《民主集权制的说明》；18日又撰文《在联合战线上纪念"血腥之日"》；21日写出了《看报时所得的杂感》等。这一系列揭露蒋介石丑恶嘴脸的文章像一颗颗重磅炸弹投向蒋介石，狠狠地撕下了其伪善的面孔，将其狰狞血腥的真面目暴露在学员和世人面前。这些文章很快在黄埔军校校刊《黄埔日刊》上发表，引起了巨大的轰动。共产党员和先进分子拍手叫好，感到揭露得真是淋漓尽致，说出了他们压抑已久的心声。

孙文主义学会的反动分子们则惶恐不安，他们的罪行和阴谋被揭穿，但仍不悔改，而是纠结起来在校园里制造事端，冲击宣传科，围攻萧楚女。

一天，反动分子胡靖安带了十几个孙文主义学会的人，拿着《黄埔日刊》，气势汹汹地冲进宣传科，质问杨其纲同志："你们为什么登这样的文章，你们登这种文章用意何在？""你们这是在革命的关键时期分裂革命队伍。""你们好大的胆子，竟敢指名道姓地骂蒋校长。"杨其纲见这帮家伙来势凶猛，一看就是来寻衅滋事的，根本跟他们没什么好说的。杨其纲先是沉默不语，装作没事儿人，根本没听他们在叫嚣什么。他们一个个对着杨其纲指指点点，杨其纲由他们聒噪一阵，静观事态的发展。等他们骂累了，杨其纲强压胸中的怒火，一字一句地坚定地说："你们的蒋校长首先制造了分裂，矛头指向共产党员，这些在萧教官的文章里都说得清清楚楚，事实就是这样，明明白白……""信口雌黄，拿出证据来。"一个梳着分头、满面酒糟粉刺的矮胖子，唾沫横飞地叫嚣道。杨其纲再也无法压制胸中的怒火，眉峰怒耸，言语激烈，讽刺地说："请问是谁在屠杀江西和安徽的工农群众？是谁杀害了你们的同学金佛庄、胡秉铎等共产党同志？又是谁处处在暗中给共产党员使绊子，挑起事端，欲置人于死地而后快？我想你们的心里应该十分的清楚，我不用点名吧。这些刽子手才真正是在革命队伍中制造分裂的罪魁祸首。对于这些倒行逆施的罪恶行为，难道萧老师不应该揭露吗？难道不应该登报让更多的人了解吗？面对这种卑劣的行为，难道我们不应该替死去的同志说出真相吗？"

听了杨其纲同志这一番掷地有声、有理有据的回答，驳得胡靖安等人理屈词穷，他们个个尴尬语塞，面面相觑。但他们并不罢休，根本就是一群不讲理的政治流氓，敲桌子摔板凳，粗野地骂人，胡搅蛮缠。正当他们闹得正凶的时候，熊雄主任进来了，他怒不可遏地训斥道："出去！统统给我出去！谁再来胡闹，军法从事！"胡靖安一伙人听到要"军法从事"，怕吃眼前亏，便悻悻地离开了。才消停了一天，这伙人又冲进萧教官的寝室大吵大闹，死皮赖脸地要萧楚女说明原因，改正错误。

萧楚女机智地走出寝室，把他们引到操场上，引到光天化日、大庭广众之下，然后挺直腰杆，理直气壮地说："我写那些文章的理由很简单，就是要维护孙总理制定的"联俄、联共、扶助农工"的三大政策。谁要反对这一政策，做了与这政策相违背的事情，我就要揭露谁，请问这何罪之有？有什么错误需要改正？"围观的人越来越多，特别是学校里的共产党员和先进分子都纷纷闻讯赶来，声援萧楚女，人群里三层、外三层地把胡靖安一伙人团团围在中央。萧楚女见这情形，觉得时机已经成熟了，乘机发表演说。他深刻分析了国际国内形势，分析了革命阵线中出现的怪现象，提请全校学生注意，外国帝国主义不甘心我们革命的胜利，他们正在我们队伍中寻找新的代理人，这代理人如今看来，显然已经确定并藏于"密室"，正准备粉墨登场，他们一旦夺取了大革命的果实，必将彻底背叛孙总理的三大政策。

胡靖安一伙人知道是在骂自己，越听越不是滋味，越听越心虚，便跺脚、吹口哨，乱吼叫，竭力捣乱，不让萧楚女的演讲进行下去。然而，敌人越是心虚，萧楚女越是镇定自若，越是谈吐从容："我讲的这些，都是为了孙总理的三大政策得到贯彻执行，如果谁反对孙总理，反对我维护孙总理的政策，也不必在下边闹，请你举手！"的确，谁会有那么大的胆子，在大庭广众之下，宣扬自己反对孙中山，胡靖安这伙人就是再叫嚣也不敢承认这一点。"谁反对啊，请举起手来！""刚才起哄的那几个举手啊，怎么不举？""刚才的那一股凶狠劲儿上哪儿去了？"在场的所有共产党员和先进分子理直气壮地喊了起来。胡靖安一伙人一个个神情慌张，惶然地环顾四周，在人群中压低了头，灰溜溜的，谁也不敢举手。萧楚女见此种情形，并不想再多加为难他们，便语重心长地说："既然这样，那么就希望大家以革命大局为重，放弃一己私利，清醒者要勇进，迷失者要知返，用我们的实际行动和两党的和平共建来告慰孙总理的在天之灵。"胡靖安一伙造反不成，反而被教育了一通儿，彻底败下阵来。

　　之后的几天，依旧不断地有人来搅扰萧楚女的日常生活。反动派的不断登门，激起了萧楚女更大的义愤，后来，他又写了《个人主义的三十六变》等文章，狠狠鞭挞反革命分子的丑行，并在文章中向群众提出了十几个值得深思的问题，来启发大家认清革命的方向，提醒同学们要提高警惕，认清反动派的威逼利诱，将革命进行到底。萧楚女这样夜以继日地操劳，有时甚至两三个晚上不合眼，只是在十分疲惫时，才伏在案头睡一会儿，终因劳累过度，引起了肺病恶化，不得不在1927年3月下旬，再次被送往广州东山医院治疗。

3

　　1927年4月中旬，羊城广州，天气阴森森的，天空中滚动着一层层恐怖的乌云。云层压得很低，像一头凶恶的野兽，张着黑漆漆的大口，就要吞咽掉整个大地。暴风肆虐着，把树枝刮摇得呜呜作响。一道接一道的闪电火蛇一般，划破沉郁的天空。一声声惊雷轰隆隆响彻整个云霄。不一会儿，瓢泼大雨无情地倾泻下来，一下就是好几天，弄得到处都湿漉漉的。广州的政治气候，也如这骤变的天气一般，紧张了起来。4月12日，蒋介石在上海发动了震惊中外的反革命政变，成百上千的共产党员和革命群众被屠杀，到处腥风血雨。国共终止合作，两党从此决裂。4月13日，蒋介石密令广州的反动派要立即动手

"清党"。广州警备司令钱大钧一伙，经过一番紧张的精心策划，15日便出动伪兵二团及警察保安队800多人，分五路四处搜捕共产党员和革命群众，一个早晨就逮捕了2000多人。作为北伐革命军大本营的广州，一时间，人心惶惶，脚镣声响遍长街，全市都笼罩在一片搜捕、屠杀共产党员的白色恐怖之中。依旧在广州东山医院接受治疗的萧楚女不知道，反动派的魔爪也正在向自己伸来。

萧楚女疲惫地躺在病床上，闭目养神。他昨夜睡得很晚，为学员们赶写政治报告。虽然他病得很重，身体羸弱，根本无法下床走动，不停地咳嗽、咳血，但是，一想到学员们那一双双渴求真理的眼睛，那一颗颗向往革命与自由的心灵，萧楚女就不自觉地打起精神，把半个身子靠在桌子上，艰难地拿起笔为他们一一解答着问题。萧楚女已经不能久坐，有时写着写着，就猛烈地咳嗽一阵，咳得头晕目眩；然而，他从没想过停下来，闭眼一小会儿，就又开始思考、书写。

窗外大雨酣畅淋漓地下着，冷风从窗缝里钻进来，夹带着厚重的水汽和寒意。又是一个黎明，又是新的一天，萧楚女缓缓地站起身，披上一件衣裳，正准备再去回答学生的问题时，远处的雄鸡开始了报晓的啼叫。是的，该睡一会儿了，天一亮医生就要来查房了。他翻开笔记本，就只剩下两个问题了，"怎样对待革命阵营中出现的逆流？""革命的前途如何？"这两个问题就明天再回答吧。工作固然要只争朝夕，但也不是一蹴而就的事情，明天吧，还是明天再写吧。

他躺在床上想尽快入睡，可是怎么也睡不着，那剩下的两个问题始终在他的脑子里打转，赶也赶不走。于是，干脆想想这答案该如何表述，对逆流应该怎么办？只有揭露！戳穿他们的阴谋，把他们的丑恶嘴脸撕破，暴露在光天化日之下，让人们震惊，让人们奋起，让人们与之斗争，从而在斗争中不断壮大革命队伍，把革命推向前进。当然，还要提高革命警惕性，防止他们全面公开反戈，屠杀革命者。对，就这么写，明天回答这个问题时就这么写，把这个意思彻彻底底、清清楚楚地写进去，一定要写进去，激励更多同志的斗志。但是，不管这逆流怎么汹涌，总改变不了历史前进的趋势，就像山峦改变不了大江大河的流向一样。宋代著名爱国诗人辛弃疾这样写道："青山遮不住，毕竟东流去。"北伐革命正在向前推进，大好河山还得用鲜血和生命去夺取，有的人却在这样紧要的关头起劲地制造者革命内部的分裂，这不能不令人担忧，不能不令人气愤！突然，岳飞那篇气贯山河的《满江红》跳入脑子里，那壮怀激烈的情绪，冲击他的胸膛："怒发冲冠，凭栏处，潇潇雨歇。抬望眼，仰天长啸，壮怀激烈。三十功名尘与土，八千里路云和月。莫等闲、白了少年头，空悲切。靖康耻，犹未雪；臣子恨，何时灭！驾长车，踏破贺兰山缺。壮志饥餐胡虏肉，笑谈渴饮匈奴血。待从头，收拾旧山河，朝天阙。"这大义凛然的爱国豪情，在萧楚女的心中久久回荡着，回荡着……天越来越亮了，暴风雨把窗棂敲打得叮咚作响，像为这诗词配上豪迈、悲壮的音乐。不知又过了多久，萧楚女才迷迷糊糊地进入了梦乡。

"砰砰砰！"一阵急促的砸门声，把萧楚女从睡梦里惊醒了。还没等他起床开门，一群持枪的军警已经破门而入，一个个凶神恶煞的嘴脸，把萧楚女团团围起来。"你们这是要干什么？"萧楚女赶紧穿好衣服，大声责问他们。"干什么？先跟我们到戒严司令部走一趟。"一个贼眉鼠眼的反动军官气势汹汹地吼道。萧楚女一看这架势，就知道来者不善，心想着，说不定自己担心的事情就要发生了。为了摸清他们的底细，萧楚女正气凛然地问："叫钱大钧来！""哼哼，钱大钧，你别在这儿做梦了。"反动军官把手一挥说："给我打，看来不教训教训他不行。"军警们一拥而上，棍棒、枪托纷纷打在萧楚女身上，一会儿，萧楚女就被打得头破血流。萧楚女艰难地坐起来，大声地说："我要抗议你们的暴行。""我叫你抗议！"反动军官见萧楚女这么顽强，便一拳打在萧楚女的头上，萧楚女一下子晕倒在地上。"拖走！"几个暴徒七手八脚地把萧楚女抬出东山医院，塞进囚车里，拉走了。

等萧楚女再从昏迷中醒来，发觉自己躺在阴暗潮湿、臭气熏天的监牢里。他已经被打得遍体鳞伤。他身边还躺着几个同样血肉模糊的同志。他强忍着伤口的疼痛，挣扎着向前爬了几步，听见门外传来了粗野的呵斥声："这是蒋总司令的命令，凡是共产党员，一个也不能放过，通通都要抓！""可是……可是这监号里已经人满为患了。""装不下了就杀，拖出去毙了，格杀勿论！"

萧楚女恍然大悟，他们之所以被逮捕，原来是蒋介石发动了反革命政变。想不到蒋介石下手下得这么快，又这么狠，萧楚女悔恨极了，愤怒极了，他这时躺在冰冷的地板上，思绪如脱缰的野马在奔驰，想了好多好多。原本已经燃起的革命火焰，又要被熄灭吗？中国革命从此又要遭受空前的挫折吧，中国人民刚刚看到的希望，又要被乌云遮住了，中国共产党仍要在黑暗中摸索、奋斗，革命尚未成功，同志仍须努力！他还担心毛泽东、恽代英、周恩来、熊雄、杨其纲等同志的安危。这些同志都是党的骨干和人才，革命的领导力量，是民族的精英，但愿他们能够逃出魔掌，将中国革命进行到底。至于自己，现在已经身陷囹圄，必死无疑。死，对于萧楚女来说，是不怕的，太史公司马迁曾说："人固有一死，或重于泰山，或轻于鸿毛。"萧楚女觉得能为新兴的无产阶级革命、无产阶级的解放事业而献身，那是无限美妙的，是无比壮丽辉煌的，是无上光荣的。他躺在冰冷的地上，回顾自己的一生，最让他感觉遗憾和揪心的就是，壮志未酬身先死！他多么希望，自己可以看到一个新的中国的建立，这个国家不再属于那些豺狼一般的统治阶级，而是属于工农群众，属于广大的无产阶级。

"吱——呀——"沉重的开门声打断了萧楚女的思绪和憧憬。"拖出来——"随着一声凶恶的号叫，一群如狼似虎的刽子手闯了进来，把萧楚女拖出了牢房。在阴暗、潮湿、恐怖的刑讯室里，萧楚女忍着浑身剧烈的疼痛，咬紧牙关，艰难地站起来，挺直腰杆。他铁骨铮铮地站立着，眼睛里依旧是未熄灭的熊熊燃烧的愤怒的火光。面对如此残暴的刽子手，萧楚女依旧大义凛然地怒斥蒋介石背叛孙中山先生遗愿、背叛革命、屠杀共产党人和革命人民的滔天罪行。萧楚女说，共产党人，你们是杀不尽的，革命志士也是永远杀不完的。屠杀和暴行只能激起更大规模的反抗和更为激烈的革命，共产主义必将在神州大地上大放光彩。

　　萧楚女义正词严地大声斥责蒋介石，使刽子手们都惊恐万分，也使他们恼羞成怒，紧接着棍棒如雨点般劈头盖脸地朝他袭来，萧楚女又被毒打一阵，晕倒在地上。刽子手们又用冷水将他浇醒，只要浇醒他，他就痛骂这些刽子手们。

　　国民党反动派们见不能从他身上得到半点儿有用的口供，于是将他转押到广州南石头监狱。萧楚女虽然知道自己已经深陷敌人的魔掌，但他毫不退缩，即使他清楚地知道死神随时都会降临到他的头上，却早已将生死置之度外，仍旧抓紧时间给同牢战友做思想工作，鼓励他们继续坚持斗争，不泄露共产党的半点儿机密。他对革命的忠贞不渝，对中国共产党的虔诚信仰，深深打动了一些有正义感的监狱看守，他们愿为萧楚女与黄埔军校的有关同志取得秘密联系。

　　由于萧楚女在被捕后，始终坚持信仰，对革命忠贞不渝，惹怒了蒋介石，蒋介石电令将萧楚女秘密处决。

　　1927年4月22日，牢房的门被打开了，荷枪实弹的狱警凶神恶煞地号叫着："萧楚女、刘尔崧、熊锐、李森……出来！"萧楚女知道已经到了最后的时刻。他从容地站起身，以镇静和鼓励的眼神和每一位战友告别，昂首挺胸地走上刑场。他高昂着头颅，面不改色地望着阴暗的天空。行刑官走到萧楚女跟前，狡猾地笑着说："萧教官，你不是常把自己比喻为蜡烛，照亮别人，毁灭自己吗？今天，你这支蜡烛恐怕就要熄灭了，在这个生死关头，你愿意悔改吗？"萧楚女怒不可遏地大声说："你们杀吧！真正的共产党员是不怕死的，共产主义运动也是镇压不了的。总有一天，人民会审判你们这群豺狼！"说完便振臂高呼："打倒国民党！""民族解放万岁！""中国共产党万岁！"

　　"砰！砰！"罪恶的枪声响了。

　　中国共产党早期优秀的马克思主义理论家、教育家，34岁的萧楚女同志，为争取中国人民的解放、为实现共产主义的伟大理想，流尽了最后一滴鲜血。无数革命烈士的鲜血染红了朝霞，染红了羊城，染红了珠江……

4

萧楚女被杀害后，中国共产党和革命群众高度赞扬他鞠躬尽瘁、死而后已的革命精神，称赞他是"在青年界最有信仰的良师益友"。

"一个人从生以后一直到死，都有做对人民有益的光明正大事，虽然肉体死去，而精神是不灭的。""人生应该如蜡烛一样，从顶燃到底，一直都是光明的。"这是萧楚女的名言，也是他光辉人生的真实写照。

1927年6月25日的《中国青年》对萧楚女这样评价："谁不知有个萧楚女，他是本刊的创始者之一，他是青年群众的明星，他是刻苦忠实的革命家！自从少年以至于死，他一直以革命为生命，一直在颠沛流离、贫困捕逃的情形之下。他的死，使革命青年失去了良师；他的死，使革命队伍丧亡了勇敢的战士；他的死，使我们更加透彻认识了敌人；他的死，在每个革命者的心上剜上伤痕！"

1964年6月8日，毛泽东称赞萧楚女说："我是很喜欢他的，农民运动讲习所的教书，主要靠他。"

萧楚女用短暂绚烂的一生，兑现了自己以革命为生命的誓言。他就像一支红烛，从顶燃到底，燃尽自己，照亮别人，点燃了无数的革命火种。

附录 萧楚女生平年表

1893年4月，出生于湖北省汉阳县鹦鹉洲。

1903～1911年，先后做木行学徒、茶馆跑堂、轮船伙夫等贴补家用；坚持自学完成中学文理课本，练习写作。

1911年10月10日，武昌起义爆发，加入新军，参与阳夏保卫战；因不满袁世凯篡夺革命果实，愤然退伍。

1913年至1914年夏，考入武昌新民实业学校蚕桑专业，毕业后，在《大汉报》和《崇德公报》任编辑。

1917～1919年，在武昌中华大学做旁听生，结识恽代英，接受并学习马克思主义思想；其间，因撰文揭露北洋政府镇压学生爱国运动，被《大汉报》辞退。

1920年初，参加恽代英在武汉创办的利群书社，开始走上有组织的革命道路。

1920年9月，任教于襄阳第二师范学校，鼓励学生学习新文学和鲁迅作品，组织"乡俗改良会"，开展移风易俗的宣传活动；后因新校长不满萧楚女在校内外进行革命宣传活动而被解聘。

1921年秋，任教于安徽省宣城第四师范学校，与恽代英一起开展青年运动，提出"到民间去"和"改革社会"的口号。

1922年5月，因发动各界群众参加五一国际劳动节纪念活动，遭反动学监唐石亭告密，被迫离开宣城。

1922年夏，加入中国共产党，任教于四川泸州师范学校。

1922年11月，与熊禹治等人一起开办以"选士育才"为宗旨的重庆公学，担任校行政委员会委员；重庆公学因"不依附政客军人势力"遭禁办，萧楚女为学生上"最后一课"，揭露反动派的罪行，并鼓励学生到农村去开展农村教育。

1923年初，到四川万县省立第四师范学校任教。

1923年6月，就任四川省立第二女子师范学校教员（地处重庆），兼任《新蜀报》主笔，负责撰写社评与时评，特辟"社会黑幕"专栏，揭露反动军阀的黑暗统治与帝国主义的残酷掠夺。

1924年1月，因母病重，离开重庆回武汉；母亲逝世后，再到襄阳，成为中国社会主义青年团中央委员。

1924年初，国共两党实现合作，被调去上海工作，协助恽代英编辑《中国青年》，发表一系列文章，并为《向导》《学生杂志》等报刊撰写大量文章；其间，出版专著《国民革命与中国共产党》和《显微镜下之醒狮派》，批驳国家主义派和戴季陶主义，捍卫马克思主义。

1924年9月1日，被社会主义青年团中央委任为特派员，负责领导和整顿成都、泸州、重庆三地的青年团组织。

1925年5月，离开重庆去上海。五卅运动爆发，参与领导发动群众工作。

1925年6月，以全国学联代表身份到南京指导青年运动，担任《人权日报》主笔，发动群众组织"南京国民外交后援会""反帝大同盟"等团体，并号召各团体联合起来组成联合战线。

1926年1月初，到广州任国民党中央宣传部干事，协助宣传部代理部长毛泽东编辑《政治周报》。

1926年2月，任全国农民运动委员会委员。

1926年5月，任第六届农民运动讲习所专职教员。

1926年11月，到黄埔军校任政治教官，并兼任黄埔军校国民党特别党部宣传委员会政治顾问，参与指导全校政治工作，被称为杰出政治教官。

1927年春，蒋介石在各地制造反革命惨案，萧楚女夜以继日撰文揭露其反动面目，因过度劳累，肺病恶化，住进广州东山医院。

1927年4月15日，被反动军警从医院逮捕，关进广州南石头监狱。

1927年4月22日，蒋介石电令将萧楚女秘密处决，在南石头监狱英勇就义，时年34岁。